셀리더코칭을
디자인하라

(CELL LEADER COACHING)

셀리더 코칭을 디자인하라

초판 1쇄 발행 2006년 7월 25일
초판 2쇄 발행 2007년 3월 15일
개정 1쇄 발행 2009년 10월 20일
개정 2쇄 발행 2011년 5월 2일

지 은 이 김영평
펴 낸 이 방은순
펴 낸 곳 도서출판 프로방스
주   소 경기도 고양시 일산동구 백석2동 1330번지
          브라운스톤일산 102동 913호
전   화 031-925-5366~7
팩   스 031-925-5368
등록번호 제313-제10-1975호
등   록 2008년 5월 30일
인   쇄 동명인쇄(02-2263-7758)
I S B N 89-8485-138-8(92160)

가격은 표지에 있습니다.
※ 이 책은 무단전제 또는 복제행위는 저작권법 98조에
   의거, 3년 이하의 징역 또는 3,000만원 이하의 벌금에
   처하게 됩니다.
※ 낙장 및 파본은 교환해 드립니다.

www.kcoach.org
교회코칭센터

셀리더코칭을
디자인하라

(CELL LEADER COACHING)

김영평 지음

프로방스

추천사

김영평 목사는 진정한 교회코치이다.

왜냐하면 코칭을 과정으로 누구나 가르칠 수 있을지는 모르지만 실제로 교회 안에 들어와 현장에서 코칭하여 열매를 이루어낸 경우는 처음이라고 생각한다.

김영평 코치는 5년전부터 남서울 비전교회 코치로 섬기면서 목회자와 평신도 리더, 그리고 평신도에 이르기까지, 또한 대그룹과 소그룹을 코칭하여 남서울 비전교회가 더 건강해지고 폭발적인 성장을 이루도록 견인차가 되어 주었다.

2005년 초 130개였던 셀이 2006년 276개 셀로 번식하였는데, 그 시점은 바로 셀리더 코칭을 집중적으로 받고 난 후에 이루어 졌다. 뿐 만 아니라 코칭을 받은 대그룹은 대그룹대로 정착되었고 코칭을 받은 목회자들은 팀웍이 향상 되었으며 셀리더들은 리더십이 눈에 띄게 향상 되었다.

한국 최초로 나온 "셀리더 코칭을 디자인라"는 이 강력한 도구를 통하여 셀 리더십에 날개를 달 것을 확신한다. 그동안 리더십 특히, 셀교회 평신도 리더십 개발에 목말랐던 한국교회에 "셀리더 코칭을 디자인하라"책과 훈련 과정을 적극 추천한다.

남서울 비전 교회

담임목사 최요한

머리말

모든 성도를 예수 그리스도의 제자로 삼고자 하는 것은 하나님 나라를 열망하는 모든 목회자들의 소망일 것이다. 그래서 제자훈련 사역이 붐을 이루었고 그 뒤를 이어 셀 목회가 유행처럼 이어졌다. 그러나 바람처럼 한국 교회를 휩쓸고 지나가는 느낌이다.

제자훈련은 3년간이나 받았는데 여전히 제자가 안 되는 수많은 사람들을 보면서 또 셀 커리큘럼을 모두 이수하고서도 여전히 셀 리더가 되지 못하는 수많은 성도들을 보면서 안타까워 하다가 무엇이 부족 한가, 무엇을 해야 하는가 고심하던 중에 만난 코칭은 가뭄에 단비 같은 것이었다.

왜냐하면 코칭을 경험하면서 내 자신이 리더로 코치로 변하는 경험을 하게 되었기 때문이다. 이것은 목회 현장에서 리더들에게 코칭 과정을 진행하면서 더욱 확신하게 되었다. 셀 리더들 뿐 만 아니라 팀 사역을 위한 리더들도 코칭을 경험하면서 리더로 변한다. 뿐만 아니라 터치코리아 셀 커리큘럼 즉, 0,1,2,3권 교재를 사용하던 분들이 나름대로 이 교재를 사용하다가 실패하고는 교재가 어렵다고 하는데 사실은 전혀 어려운 것이 아니었다. 문제는 셀 양육교재가 코칭 방식으로 만들어진 교재라는 것을 모르고 코칭이 무엇인지를 모른 채 전통방식으로 양육하다가 나타나는 현상들이다. 코칭을 먼저 배우고 양육을 하면 양육이 너무 잘된다. 마치 마른 땅에 물이 스며드는 것처럼 양육이 진행되는 경험을 하게 된다.

목회에 있어서, 목회자 자신의 리더십 개발의 3요소는 영성훈련과 기술훈련 그리고 전략훈련이다.

일반적으로 한국 목회자들은 영성훈련 영성목회측면에서는 세계 어느 나라보다 탁월하다는 평을 듣는다. 새벽기도가 케이블TV 2개 채널에서 동시에 생방송으로 방송되는 나라는 우리나라 밖에 없을 것이다. 그러나 지금 세대는 우리의 최대의 강점인 영성목회도 약화되고 있다.

반면에 대부분의 미국 목회자들은 영성목회가 약한 반면 기술과 전략면에서 매우 앞서가는 것을 보게 된다.

이제 우리는 우리 선배들의 강점과 좋은 전통인 영성목회에 든든한 기초를 두고 기술과 전략을 더욱 개발하여 삶의 변화, 성품의 변화 그리고 지속적인 영혼구원과 교회성장 나아가 세계 선교를 이루는 한국교회가 되기를 소망한다.

기술훈련과 전략훈련의 도구로서 이 코칭은 목회자와 성도들의 삶을 변화시키며 리더십을 훈련시켜 세우는데 강력한 도구로 사용될 것이 분명하다.

예수님은 탁월한 코치이시다. 그 분은 오늘도 이렇게 말씀하신다.

내가 진실로 진실로 너희에게 이르노니 나를 믿는 자는 나의 하는 일을 저도 할 것이요 또한 이보다 큰 것도 하리니 이는 내가 아버지께로 감이니라 (요 14:12)

예수님은 우리가 더 큰일을 하기를 원하신다. 그리고 더 큰 일을 하게 하셨다. 주님이 아버지께로 가신 후 오순절 마가의 다락방에서 성령님이 임재 하셔서 성령세례를 받은 제자들은 3년간의 코칭 받았던 잠재력이 폭발하면서 땅 끝까지 복음을 전하는 능력의 전도자이자 위대한 교회의 지도자가 되었다.

목사의 역할은 단지 설교가, 교육자, 행정가로 그치는 것이 아니라 코치이다.

목사는 교구장을 더 큰 일 하게 하는 사람

교구장은 구역장을 더 큰 일하게 하는 사람

구역장은 구역원들을 더 큰 일을 하게 하는 사람이다.

목사에 대한 평가는 그 목회자에게서 얼마나 좋은 교구장(그룹장)이 나오는가?

교구장에 대한 평가는 그 교구장에게서 얼마나 좋은 구역장(팀장)이 나오는가?

구역장에 대한 평가는 그 구역장에게서 얼마나 좋은 예비리더 또는 구역장들이 나오는가이다.

오늘도 셀 교회의 비전이자 제자훈련의 비전이 생각난다.

그 작은 자가 천을 이루겠고 그 약한 자가 강국을 이룰 것이라 때가 되면 나 여호와가 속히 이루리라 (사 60:22)

교회코칭센터 김영평 목사

목차

제 1 장

셀교회 세우기

1. 셀교회는 이 시대의 대안인가?

셀교회가 이 시대에 대안이라고 수없이 외쳐 왔지만 아직 한국교회 안에 셀교회의 모델이라고 자신 있게 말할 수 있는 교회가 없다. 왜 목회자들이 셀교회를 하는가? 질문하였을 때 그 솔직한 대답은 첫째, 셀교회는 전도가 잘된다는 것이었고 둘째는 평신도 사역자들이 주체적으로 사역하게 되므로 교회는 부흥하게 될 것이라는 기대감 때문이었다.

그러나 그 기대와는 달리 셀 교회라고 해서 부흥하는 교회라는 등식은 거의 성립되지 않았다. 그와 반대로 셀교회를 추구하던 교회들이 많은 도전과 어려움을 겪으며 오히려 성도수가 감소되는 현상도 일어나게 된다.

그럼에도 불구하고 셀교회가 가치있다고 여기는 것은 셀교회야 말로 예수님이 세우신 신약교회의 참 모습이라고 보기 때문이다.

셀교회의 처음 모습은 사도행전에 나타난 "그들이 사도의 가르침을 받아 서로 교제하고 떡을 떼며 오로지 기도하기를 힘쓰니라. 사람마다 두려워하는데 사도들로 말미암아 기사와 표적이 많이 나타나니 믿는 사람이 다 함께 있어 모든 물건을 서로 통용하고 또 재산과 소유를 팔아 각 사람의 필요를 따라 나눠주며 날마다 마음을 같이하여 성전에 모이기를 힘쓰고 집에서 떡을 떼며 기쁨과 순전한 마음으로 음식을 먹고 하나님을 찬미하며 또 온 백성에게 칭송을 받으니 주께

서 구원받는 사람을 날마다 더하게 하시니라."(행2:42-47) 말씀에 기초
한다.

이 말씀의 역사적 배경을 살펴볼 때 예루살렘 교회는 핍박받는 교
회였고 예수님의 임박한 재림 즉, 자신들의 생애에 예수님이 다시 심
판주로 오실 것을 굳게 믿었기에 44-45절의 말씀처럼 재산을 공유
할 수 있었다. 그리스도인이 된다는 것은 유대인의 공동체에서 출교
를 의미하였고 모든 직장과 직업, 상거래에서 배제를 의미하였기에
그들은 더 이상 경제활동에서 사망선고를 받은 것이나 다름없었다.
따라서 이런 안팎의 요소 경제활동 중단과 사회적인 축출, 그리고 임
박한 재림의 신앙이 그들로 하여금 집단 소유의 공동체를 만들었다.
이 예루살렘 교회는 모든 소유가 사라지고 나중에는 이방인 교회들
에게서 구제헌금을 받아 살아가다가 결국 예루살렘 교회는 사멸하게
된다.

그러므로, 이것은 당시의 특수한 상황이지 현재 우리가 살고 있는
현실과 매우 다른 것을 알 수 있다.

2. 셀교회가 잘 안 되는 이유

우리나라에서 셀교회가 잘 안 되는 첫 번째 이유는 개인주의와 물질주의의 깊은 뿌리 때문이다. 우리들의 개인주의는 개 교회주의를 낳고 성공주의를 지향한다. 베스트셀러 목록에 성공이라는 단어와 부라는 단어가 없으면 취급되지 않을 만큼 개인의 성공과 부라는 개인 소유의 목적을 추구하고 있다. 성공이 하나님이고 돈이 하나님의 위치를 대신하는 가운데 기복적인 신앙이 자연스러워지는 것이다. 셀 교회의 핵심은 공동체성인데 모든 사회와 경제와 구조가 공동체와는 반대되는 가치를 추구하는데 교회도 예외는 아니다. 셀교회라고 표방하는 교회들도 대부분 다른 가치를 추구한다고 할 수 없다. 심지어 셀은 단지 성공을 위한 도구일 뿐이고 부를 누리는 도구로 이용하는 경우가 많기 때문이다.

둘째는 유교의 뿌리이다. 유교의 사상은 수직적인 구조를 가지고 있다. 임금-신하, 선생-학생, 부모-자녀, 형-동생, 모든 구조가 서열화 되어 있다. 이러한 유교적 영향으로 선후배, 상하를 심하게 따지는 풍토 즉, 수직적인 구조와 계급을 철저히 지키는 사상이 유교이다. 한국의 기독교 역시 이러한 유교적 사고방식이 혼합되어 권위주의적인 기독교가 되고 목사-장로-집사-평신도라는 계급적 사고방식이 자리 잡고 있다. 반면 셀 교회의 공동체성은 수평적인 구조를 가지고 있다. 선생과 학생이 하나 되고, 주인과 노예가 믿음 안에서 하나 될 뿐 아니라 섬김의 리더십으로 윗사람이라 생각한 사람이 아 랫사람을 섬기는 이상한 나라인 것이다. 그러니 우리나라에서 근본 적인 셀 교회가 가능하겠는가?

3. 그래도 셀교회는 희망이다.

시계의 본질은 시계가 얼마짜리냐 줄이 가죽인가? 쇠인가? 디지털이냐 아날로그이냐가 아니라 시간이 잘 맞는 것이다.

셀의 본질은 세상에서 얼마나 성공했느냐, 복을 받았느냐, 어떤 지위를 가졌느냐가 아니라 한마디로 예수 그리스도의 임재와 능력과 목적을 이루는 공동체이다. 특히, 예수 그리스도의 임재를 경험하지 않으면 셀은 무용지물이 된다.

> "하나님이 그들로 하여금 이 비밀의 영광이 이방인 가운데 어떻게 풍성한 것을 알게 하려 하심이라 이 비밀은 너희 안에 계신 그리스도시니 곧 영광의 소망이니라." (골로새서 1:27)

> "두 세 사람이 내 이름으로 모인 곳에는 나도 그들 중에 있느니라." (마태복음 18:20)

셀의 핵심적인 단어는 공동체인데 공동체란 예수 그리스도의 몸된 지체임을 확증하는 것으로 하나님의 가족(Familly of GOD)이 되었다는 것이다.

> "그러므로 이제부터 너희는 외인도 아니요 나그네도 아니요 오직 성

도들과 동일한 시민이요 하나님의 권속이라"(엡 2:19)

권속은 곧 가족을 의미하기에 셀은 곧 하나님의 가족 됨을 말한다. 셀 구성원 모두가 혈연보다 더 가까운 예수 그리스도 안에서 한 가족 됨을 경험하는 곳이 바로 셀인 것이다. 한 가족 됨의 경험은 인위적으로 되는 것이 아니라 성령으로 말미암아 하나님의 임재를 경험하는 바로 그 곳에서 한 가족 됨을 경험하게 된다.

가족이 해체되고 개인주의와 물질주의가 만연한 이 시대와 사회 속에서 수많은 사람들은 외롭고 불행하게 살고 있다. 그 속에서 새로운 신앙 공동체의 경험은 삶의 구원을 가져다 줄 것이다.

그 셀 공동체를 통해서 가족경험을 하고 하나님 아버지의 마음을 알게 되고 영적으로 인격적으로 성숙하며 서로 상호책임지고 모두 장성한 분량까지 자라나서 리더가 된다.

셀은 영적인 리더, 다른 사람을 인도하는 리더, 상호책임지는 리더, 섬기는 리더, 배우는 리더, 양육하는 리더, 지도력을 발휘하는 리더로서 성장하기 위한 가장 좋은 장소이다. 좋은 리더의 기준은 또 다른 좋은 리더를 얼마나 키워 냈는가에 달려 있다. 혼자만이 위대한 리더 좋은 리더는 진정으로 좋은 리더가 아니다. 셀은 임파워먼트(권능위양)이 강력하게 일어나는 현장이어야 한다. 사람을 세우고 격려하며 코칭하여 새로운 리더를 만든다.

그래서, 셀은 곧 하나님의 가족인데 이 하나님의 가족이 결혼하여(공동체) 아이를 낳고(전도) 기르며(양육), 서로 돌보고(상호책임), 성장하고 성숙하여 새로운 가정을 만드는 아비(리더십)가 되는 것이다.

셀에서는 이것을 가리켜 셀의 5시스템 – 공동체, 전도, 양육, 상호
책임, 리더십이라 한다.

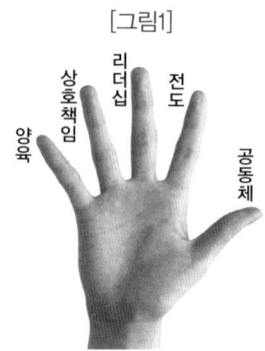

[그림1]

4. 5시스템과 코칭

셀교회 뿐 아니라 대부분의 교회에서 취약한 부분은 전도가 안되고 리더가 리더로서 역할을 못한 다는 것이다. 코칭은 셀의 5가지 시스템에 문제해결과 활력을 가져다준다.

가. 코칭식 전도

파레토의 원리는 전도에도 해당된다. 즉, 8:2의 법칙이 적용된다는 것으로 코치이와 코치가 대화하는 시간비율이 8:2가 되어야 한다는 것이다. 코치이 즉 전도로 말하면 전도대상자가 80%를 말할 수 있도록 해주어야 한다는 것이다. 코치는 코치이가 말하도록 해주어야지 자신의 이야기로 대화를 주도해서는 안된다. 코치는 질문을 함으로 코치이가 생각을 정리하게 해주고, 의식을 끌어내며, 스스로 생각의 깊이를 더하도록 도와주어야 한다.

많은 전도자들이 전도대상자를 만나면 전도대상자의 이야기를 듣기보다 일방적으로 자신의 말만을 전하려고 애쓴다. 선명한 복음제시로 전도대상자를 꼼짝 못하게 하고 업드려져서 예수님을 나의 구주로 고백하게 해야 전도라고 생각한다. 이러한 전도방법은 말을 잘하지 못하는 많은 그리스도인들에게 자신은 전도를 못한다는 좌절감을 가져다주었다.

코칭식 전도는 잘 들어주면 된다. 자신의 말은 20%만 하면 된다. 그것도 주로 질문으로 하면 된다. 이제는 일방적인 전도가 아니라 커뮤니케이션 방식의 코칭전도가 필요하다.

나. 코칭식 양육

이제까지의 대부분의 양육은 티칭 위주로 이루어졌다. 강의하고 판서하고 보여주고 전달하는 방식과 그룹으로 스터디 하는 양육방식이었으나 이제는 코칭방식 즉, 스스로 학습법이 필요하다.

성인학습법은 스스로 경험하고 생각하고 느끼고 참여하게 만드는 것으로 그 효과를 극대화 한다.

이제 가르치는 자는 Teacher를 넘어서 멘토로 멘토를 넘어서 코치가되어 스스로 깨달아 알아갈 수 있도록 도와주는 Enabler가 되어야 한다. Enabler란 스스로 깨달아 알아가도록 돕는 사람인 것이다. 이것이 바로 코칭의 기본 개념이다.

닐(A.S. Neil)의 써머힐 학교는 요즈음 학교교육의 병폐를 안고 사는 많은 이들에게 좋은 대안이 되고 있는데 써머힐 학교 설립자인 닐은 말하길

"아이들의 타고난 선함과 현실성을 믿으십시오. 자라나는 아이들

이 있는 그대로를 인정하고 존중하면 모두가 사랑스럽고 개성 있는 사람이 될 것입니다. 처음부터 문제아인 경우는 없으며, 문제부모와 문제사회만 있을 뿐입니다"

개인의 폭넓은 자유를 허용하면서 개인의 역량을 충분히 발휘시킬 것을 그는 '자치'의 방식을 통해 구현해 간다. 서머힐 학교의 자치는 자유와 방종간의 구분의식을 형성함으로서 개인의 사회적 조절 능력을 갖게 하며 공동체 생활을 지배하는 적절한 권위를 성립하는 조건을 이야기 한다. 진정한 의미에서 '자치'를 통해 학생 개개인의 양심과 자율을 키워 나갈 수 있는 여건을 형성할 수 있고, 학생들의 개성을 존중함으로써 자신의 특기를 탁월하게 개발할 수 있다는 것이다. 코칭은 이와 같은 이론을 실제로 실현할 수 있도록 도와준다. 각자가 스스로 자신의 역량을 최대한 발휘하고 실행하도록 돕는 것이다.

다. 코칭의 주제 상호책임

셀의 5시스템에서 가장 모호한 부분이 바로 상호책임이었는데 코칭은 상호책임에 대한 분명한 이해를 가져다준다. 누구를 어떻게 언제 어디서 왜 무엇을 책임져야 하는가를 구체적으로 알려준다. 상호책임에 대해서는 제4장에서 자세히 다룬다.

라. 코칭의 꽃 – 리더쉽

　코칭은 리더십이다. 리더십이란 말의 뜻은 '다른 사람들이 자발적으로 어떤 목적이나 목표에 참여하도록 유도하는 능력'이다. 즉, 리더십이란 리더가 자신을 좇아오는 사람들의 의지를 리더가 원하는 목표나 내부 여러 가지에 스스로 헌신하도록 일깨우는 능력이라고 할 수 있다.

　여기에서 리더의 의지와 리더를 따르는 사람들의 의지가 만나는 지점이 있다. 앞장서서 이끄는 사람은 리더이지만 그 리더를 따를 것인지 따르지 않을 것인지는 구성원으로 결정한다. 물론, 리더가 조작하거나 속여서 사람들이 따라오도록 유도할 수도 있겠지만 그것은 오래가지 못한다. 진정한 리더는 마음을 얻고, 그들이 자원해서 따르도록 하는 능력있는 사람이다. 코칭은 리더에게 사람들을 깊이 이해할 수 있는 길을 제공한다. 경청과 질문은 사람들과의 관계에서 그들이 깊이 이해받는다는 느낌과 함께 신뢰를 형성시키며 결국은 리더가 신뢰하만한 사람이라는 확신을 갖게하고 믿고 따라도 좋겠다는 의지를 만들어낸다. 결국 이런 신뢰 관계의 형성은 리더가 가고자 하는 방향으로 스스로 따라갈 수 있게 하는 초석을 놓아주게 된다.

　리더십은 다음에 할 일이 무엇인지 아는 것이고, 그 일이 중요한 이유를 아는 것이며, 당장 필요한 적절한 자료를 조달하는 방법을 아는 것이다.

　그렇다면 크리스챤 리더십이란 하나님이 다음에 무엇을 하기 원하

시는지 아는 것이고, 그가 그 일을 행하기 원하시는 이유를 아는 것이
며, 그 일을 위해 필요한 것들을 그가 채워주시는 것을 아는 것이다.

  그러므로, 코칭이 특히 셀리더들에게 필요한 이유는 코칭이 탁월
한 리더십의 한 형태이기 때문이다. 코칭은 사람들을 이끌어가는 구
체적이고도 정확한 리더십을 제공한다. 코칭 리더십은 상호 커뮤니
케이션을 통한 구성원이 원래 가지고 있던 창의성 계발과 시너지 창
출에 탁월함을 보인다. 왜냐하면 코칭이 우리가 자연적으로 습득해
온 일방적이고 수직적이며, 지시적인 리더십을 전환하여 상호책임적
이고 수평적이며 협력적인 패러다임을 전환하는 구체적인 도구인 것
이다.

제 **2** 장

코칭이란?

1. 코칭의 정의

코칭은 "안 되는 것을 되게 하는 것"이다.

코칭에 대한 다양한 정의들이 있지만 코칭을 경험한 후 느낀 것은 바로 이 말 한마디다. 그래서 코칭을 생각할 때 알라딘의 요술램프가 생각난다. 알라딘의 요술 램프와 코칭의 다른 점이라면 알라딘의 요술램프는 문지르기만 하면 주인님 부르셨습니까? 하고 튀어나와 대신 소원을 들어주지만 코칭은 내 안의 있는 잠재력에게 말하여 내 스스로 소원을 이뤄가게 한다.

갈웨이는 코칭이란 "한 사람의 잠재능력을 살려 그 사람의 성과를 최대화시키기 위해 도와주는 것이다"

이를 교회적으로 적용하면 좋은 목사를 위대한 목사로 좋은 셀리더를 위대한 교구장으로 좋은 성도를 위대한 지도자로 세우는 것이다.

흔히 듣는 질문 중 그렇다면 기존의 방식 티칭, 컨설팅, 상담, 멘토링 등과는 어떻게 다릅니까? 라고 묻는 경우가 많은데 코칭은 치료나 카운셀링과 같은 커뮤니케이션 과정을 사용하고는 있으나 치료(therapy)나 카운셀링은 아니다. 치료가 과거에 대한 해답과 치유를 다루는 반면에 코칭은 미래, 창조성, 성과, 행동에 관한 것이다.

[코칭과 상담의 비교]

구분	상담	코칭
대상	상처 입은 사람	가능성 있는 보통사람들
목표	치유	가능케 함
초점	과거	현재와 미래
해결방법	경청과 처방	경청과 건강한 호기심

코칭은 코치의 경험을 이용하여 상황을 진단하고 동시에 의견과 충고를 제공하기도 하지만 멘토링과 컨설팅과는 구별된다. 코칭은 코치 받는 사람이 그들의 장점과 자원을 극대화할 수 있도록 창조하고 개발하는 걸 돕기 위해서 모든 지식과 경험을 활용하기 때문이다. 특히 멘토링과 컨설팅은 그 분야의 전문가로서 지식을 전수하거나 완벽한 해결방안 제시가 목표이며 자신의 훌륭한 에고(ego)를 보여주는 것이 매우 중요하다. 반면에 코칭은 코칭 받는 사람에게 초점을 맞추어 그 사람이 가지고 있는 잠재능력 개발에 중점을 두기 때문에 코칭을 성공적으로 하기 위해서는 무엇보다도 에고리스(ego-less), 즉 자기 자신을 비우는 것이 중요하다는 점에서도 그 차이를 발견할 수 있다.

코칭은 트레이닝이 아니다.

코칭이 트레이닝과 같이 정보를 제공하기는 하지만 트레이닝이 트레이너의 전문가적인 기술과 지식에 포커싱 하여 전수하는 반면에 코칭 과정에서는 코칭 받는 사람 자신의 스킬과 지식을 활용하고 개발한다.

티칭은 주로 지식을 전달하는 것으로서 가르치는 자의 생각과 방법으로 학생들의 학습활동을 이끈다. 티칭의 주요 내용이 지식전달인데 비해 코칭의 주요내용은 인격과 사역에 관한 기술을 개발시키는 것이다.

위의 모든 방식과 분명한 차이는 다른 모든 방식은 지식이나 노하우를 베푸는 사람이 그렇지 못한 사람에게 가르치고 전달하고 알려주고 모범을 보이는 것이지만 코칭은 이미 코치이(코치이는 코칭을 받는 사람을 말한다) 안에 내재해 있는 잠재능력을 끄집어내는 것이므로 코치가 지식적으로 노하우가 많아야만 코치가 되는 것이 아니라 코칭의 자세와 기술 만 있으면 누구나 코치가 될 수 있다는 것이다. 이것은 매우 매력적인 것이며 학력차이나 연령차가 많은 교회상황에서 셀리더가 되는 조건을 미리 생각하는데 셀리더는 바로 소그룹을 이끄는 코치이므로 자세와 기술 만 익히면 그리고 필요한 양육과정과 영혼구령의 열정이 있는 사람은 누구나 리더가 될 수 있다는 것이다.

2. 코칭의 역사

코치의 본래 의미는 마차나 철도의 객차 등에 쓰여진 단어다. 코치라는 말은 사람을 실어 나르는 개썰매에서 유래되었다. 지금은 유고슬라비아라고 하지만 전에는 달마티아라고 불렸는데 이 나라의 개 달마시안이 끄는 마차가 있었다. 그 때 이 개들을 코치견이라 불렀다. 또 헝가리의 콕스라는 도시에서 처음으로 여러 사람이 탈 수 있는 마차를 만들었는데 이 마차가 유럽 전역에 퍼져 콕시(kocsi) 혹은 콕지(kotzi)라고 불리게 되고 영국에 와서 코치(coach)라 불리게 되었다.

1840년대 영국에서는 개인교사의 별명으로 코치라는 말을 사용했는데 그것은 승객이 마차를 타고 앞으로 나가듯이 교사의 지도로 목적지에 도달하게 된다는 의미였다. 이후 1880년 경에는 운동에 코치가 생겨 지금의 각종 운동에 코치로 자리매김을 하였다.

과거에 많은 이들이 코칭을 하였지만 그들 스스로를 코치라고 부르지는 않았다. 현재의 코칭은 1980년대 초 재무 플래너인 토마스 레오날드(Thomas J. Leonard)로부터 시작되었다. 그는 젊은 나이에 재무플래너로서 "여피족(Yuppie)"의 재무 컨설팅(세금, 투자)을 하면서 아무 것도 부족한 것이 없어 보이는 사람들에게도 도움이 필요하다는 것을 깨닫게 되었다. 몇 명의 아이를 가질 것인지, 어떤 차를 구매하는 것이 좋은지, 어디로 휴가를 가야 하는지, 언제 은퇴하는지 등, 이런 종류의 이야기들에 대해서는 어느 누구와도 얘기할 수 없었는데 레오날드와의 대화를 통해 보다 나은 미래를 창조할 수 있었다.

레오날드를 통해 그들의 인생에서 진정으로 원하는 게 무엇이고 언제 그것을 원하는지에 대해 스스로 정의 할 수 있었다. 그 후 레오날드는 고객의 신뢰를 쌓아갔다. 고객이 인생에서 소망한 것을 이룰 수 있도록 도와주고 그의 고객 중에 이러한 일을 하는 사람을 코치라고 하는 것이 어떻겠냐는 제안을 받게 되었다.

레오날드는 1992년 최초의 전문코치교육기관인 코치유(Coach U)를, 1994년에는 국제코치연맹(ICF; International Coach Federation)를 설립하였다. 최근까지 코치빌(Coach Ville)을 운영하다 2003년 2월 47세의 젊은 나이에 타계하였다. (뉴욕 타임즈, 2003. 2. 25.)

그러나 코칭의 원조이자 대가는 바로 예수님이시다. 어떤 이들은 구약에서 요셉이 바로 왕에게 모세의 장인 이드로가 모세에게 코칭을 하였다고 하지만 현대적 의미에서의 코칭은 아니었다고 본다. 그들은 멘토링이나 컨설팅을 한 것이지 코칭을 했다고 보기는 어렵다. 그러나 예수님은 진정한 코치로서 제자들의 변화를 이끌어냈고 심지어 제자들이 자기 자신을 능가하는 사람들이 되기를 원하셨다.

"내가 진실로 진실로 너희에게 이르노니 나를 믿는 자는 나의 하는 일을 저도 할 것이요 또한 이보다 큰 것도 하리니" (요 14장 12절)

예수님은 실패하고 넘어지는 제자들을 탓하거나 꾸짖으시지 않고 그들의 가능성을 믿으셨다. 그리고 끝가지 책임지시고 가르치시고 격려하셨다.

예수님은 또한 강력한 질문의 대가이셨다.

"예수께서 가이사랴 빌립보 지방에 이르러 제자들에게 물어 가라사대 사람들이 인자를 누구라하느냐. 가로되 더러는 세례 요한, 더러는 엘리야, 어떤 이는 예레미야나 선지자 중의 하나라 하나이다. 가라사대 너희는 나를 누구라 하느냐 시몬 베드로가 대답하여 가로되 주는 그리스도시요 살아계신 하나님의 아들이시니이다. 예수께서 대답하여 가라사대 바요나 시몬아 네가 복이 있도다 이를 네게 알게 한 이는 혈육이 아니요 하늘에 계신 내 아버지시니라"(마16:13–17)

여기서 질문 두 번에 위대한 신앙 고백을 스스로 하게 하신다.
1. 사람들이 나를 누구라 하지?
2. 그러면 너희는 나를 누구하고 생각하느냐?

예수님은 제자들에게 답을 가르쳐주시기보다 강력한 질문을 사용하여 스스로 깨닫도록 하셨다. 이것이 코칭이다.

3. 코칭의 비전

"내가 진실로 진실로 너희에게 이르노니 나를 믿는 자는 나의 하는 일을 저도 할 것이요 또한 이보다 큰 것도 하리니" (요 14장 12절)

주님은 제자들에게서 세계복음화의 비전을 보셨다.

코칭은 다른 사람을 세우되 더 크게 능력 있게 세우는 것이다. 이것은 셀교회의 비전이기도 하다.

셀교회는 특히 G-12의 비전은 모든 성도를 사역자로 모든 사람을 셀리더로 세우는 것이다.

평신도를 셀리더로 셀리더를 교구장으로 교구장은 지역장으로 지역장을 목사로 목사는 더 큰 영향력을 가진 목사로 세우는 것이다.

이제 목회자의 평가는 개인적인 능력 즉 얼마나 설교를 잘하는가? 기도를 많이하는가? 보다 얼마나 좋은 평신도 리더를 세웠는가이다.

- 목사는 교구장(국장)을 더 큰 일 하게 하는 사람
- 교구장(국장)은 셀리더(팀장)을 더 큰 일하게 하는 사람
- 셀리더(팀장)는 셀원(팀원) 들을 더 큰일 하게 하는 사람
- 목사에 대한 평가는 얼마나 좋은 지역장(국장)이 나오는가?
- 교구장 − 또 다른 교구장(국장 − 팀장)

• 속장은 또 다른 셀리더를 (팀장 – 팀원)을 세우는 것이다.

자 그러면 셀리더 코칭의 세계로 여러분을 안내할까 한다.

제 3 장

셀리더 코칭의 ABCD

1. Action Plan(실행계획)

수많은 서적과 강의, 설교에서 요즈음 많이 나오는 말은 비전에 관한 말이다. 비전을 품어라, 비전을 가져라, 비전을 키워라 말하지만 그 비전은 때로 너무 공허하고 주님과 상관없는 비전이 너무 많다. 나는 아무리 성경을 읽고 또 읽어 보아도 비전을 가지라는 말을 찾아 볼 수가 없다.

요셉이 꿈을 꾼 것, 다니엘이 꿈을 꾼 것, 요한이 본 계시 등등 성경의 꿈과 계시는 요즈음 듣고 있는 비전과는 너무 다른 것이다. 요셉은 자신이 그걸 꿈을 꾸고 싶어서 꾼 것이 아니다. 꿈은 내가 꾼 것이 아니라 꾸어진 것이다. 다시 말하면 하나님이 그 꿈을 잠 속에서 꾸게 하신 것이다. 성경에 나오는 모든 계시와 꿈들은 하나님이 주신 것이지 자신이 그 꿈을 꾼 것이 아니다. 요즘 말하는 비전을 품는다, 비전을 세운다는 말의 의미는 다분히 나 중심적인 내 의지적인 꿈을 이야기하고 있다. "소년이여 야망을 가져라"라는 말과 같다. 하나님은 우리에게 야망을 가지라고 말씀하신 적이 없다. 오히려 왕이 되려는 욕심을 경계하시고 이미 세워진 이스라엘의 왕에게도 인구수를 센다던가 말을 키우는 일을 금하셨다.

다윗왕은 이스라엘 나라가 부강해지고 안정을 찾자 하나님의 말씀을 어기고 인구조사를 하였다가 하나님께 책망을 받고 징계를 받아 3일간 전국에 전염병이 들어 7만 명이 죽었다. (삼하 24:1-15)

하나님께서는 이미 우리에게 성경을 통해서 교회를 통해서 주의 종을 통해서 환경을 통해서 주변의 사람들을 통해서 우리에게 주신 사명이 충분히 많이 있다. 그러나 우리가 정확히 인식하지 못하고 알면서도 열심히 없거나 의지가 없거나 어떻게 할 줄을 모르거나 믿지 못하거나 일의 순서를 몰라서 못하고 있는 것이다.

대부분의 셀리더들이 사역을 제대로 못하는 것은 교회에 비전이 없거나 사역이 없거나 주어진 일이 없기 때문이 아니라 구체적인 실행계획과 그 계획을 추진할 수 있는 추진력이 없기 때문이다. 그와 아울러 실행계획을 추진하는데 있어서 필요한 기술을 습득하지 못한 이유도 있다.

교회코칭을 하다보면 이런 질문을 하게 되는데

코치 : 교구장님 올해 교구실행 계획이 뭡니까?

교구장 : 그냥 목사님 시키는 대로 하는 거지요.

코치 : 무엇을 시키시던가요.

교구장 : 그냥 열심히... 기도, 성경, 양육, 돌보고, 전도하라고 …

코치 : 전도는 어떻게 하실 겁니까?

교구장 : 글쎄요. 저도 잘 모르지만 그냥 시키는 대로 하는데요.

구체적인 실행계획이 없는 경우가 대부분이다.

코칭은 셀리더와 교구장이 일 년, 전반기, 3개월, 한 달의 구체적인 실행계획을 세우고 실천하도록 도와주는 것이다.

2. Believe(믿음)

"믿음이 없이는 하나님을 기쁘시게 하지 못하나니 하나님께 나아가는
자는 반드시 그가 계신 것과 또한 그가 자기를 찾는 자들에게 상주시
는 이심을 믿어야" (히11:6) 한다고 말씀하신다.

두 번째 코칭의 주제는 셀리더가 믿음의 사람이 되게 코치하는 것
이다.

소경 바디매오가 예수님 앞에 나아갔을 때

"네게 무엇을 하여 주기를 원하느냐 맹인이 이르되 선생님이여 보기
를 원하나이다. 예수께서 이르시되 가라 네 믿음이 너를 구원하였느
니라 하시니 그가 곧 보게 되어 예수를 길에서 따르니라" (막10:51-52)

믿음은 안 되는 일도 되게 한다. 코칭은 안 되는 일을 믿음으로 되
게 하는 것이다. 그러나 그것은 코치이 자신 즉, 셀리더를 믿음 안에
서 바꾸어 안 되던 일도 되게 하는 것이다.

3. Capital of Relationship (관계자본)

셀리더 코칭의 다음 영역은 관계자본에 관한 것이다.

스티븐 코비는 감정계좌에 대해서 다음과 같이 말한다.

우리 모두는 은행계좌가 무엇인지 잘 알고 있다. 우리는 은행의 계좌를 열고 이를 통해 예입하며, 또 필요할 때 인출할 수 있도록 잔고를 남긴다. 감정은행계좌란 인간관계에서 구축하는 신뢰의 정도를 은유적으로 표현한 것이다. 다시 말하면 이것은 우리가 다른 사람에 대해 가지는 안전감을 말한다. 만일 우리가 다른 사람에게 공손하고, 친절하며, 정직하고, 약속을 지킨다면, 우리는 감정을 저축하는 셈이 된다. 그러면 그 사람이 우리에 대해서 갖는 신뢰가 높아지기 때문에 우리는 필요할 때 마다 그러한 신뢰를 이용할 수 있다. … 즉, 감정 잔고가 많으면, 의사소통은 쉽고, 즉각적이며, 또 효과적이 된다.

코칭에서는 이를 가리켜서 관계자본이라 하는데 감정계좌에 잔고가 많다는 것은 관계자본이 넉넉하다는 것을 의미하고 관계자본이 적다는 것은 상대방이 나에 대한 신뢰가 적다는 것을 말하며 의사소통에 한계가 있다는 것이다.

셀리더가 셀사역을 하는데 있어서 결정적인 걸림돌이 되는 것은 바로 이 부분으로 관계자본이 없는 셀라이프가 되기 때문이다. 셀리더 코칭은 셀리더로 하여금 관계자본을 반성하게 하고 붕괴를 검사하고 관계자본의 회복을 위한 구체적인 실행계획을 세우도록 도와주는 것이다.

세우기(building)	없애기(spending)
부드러운 말	거친 말
친절함	무례하게 대함
격려함	믿지 않음
시간을 지킴	다른 사람의 시간을 낭비시킴
함께 기뻐함	시기함
어려울 때 함께함	함께 하지 않음
후하게 베풂	인색함
잘못을 인정함	인정하지 않음
은사를 격려함	은사를 무시함

4. Desire(소망)

셀리더 코칭 영역의 4번째는 소망에 관한 것이다.
소경 바디매오가 예수님께 나아왔을 때

"네게 무엇을 하여 주기를 원하느냐 맹인이 이르되 선생님이여 보기
를 원하나이다." (막10:51) 라고 즉시 대답하였다.

그에게는 분명한 소원이 있었던 것이다. 이 소원은 개인의 야망이
나 비전이 아니라 인간으로서 가질 수 있는 간절한 간구였음을 알게
된다.
예수님은 우리의 소원을 결코 무시하지 않으시고 선한 소원들을
이루어 주신다.
하나님께서는 무엇이든하실 수 있지만 그렇게 하지 않으시고 사람
을 통하여 일하신다. 마음에 선한 소원을 가지고 일하고자하는 사람
들을 통해서 일하신다. 의지가 없는 동기부여가 되지 않은 사람들을
통해서 사역이 이루어지는 예는 거의 없다.

"너희 안에서 행하시는 이는 하나님이시니 자기의 기쁘신 뜻을 위하
여 너희로 소원을 두고 행하게 하"신다. (빌2:13)

그러므로 하나님이 주신 소원을 발견하고 그 소원에 불타서 사역하도록 하는 것은 셀리더 코칭의 중요한 영역이다.

위에 언급한 4가지 주제 즉, A 행동계획, B 믿음, C 관계자본, D 소원이 모두 10점이 되면 어떤 사역이든지 이루어지게 된다. 불가능이 가능으로 변하는 것이다.

결론적으로 코칭은 ABCD중 최소치 요소에 대해 어떻게 코치할 것인가와 최대치 요소를 어떻게 극대화 시킬 것인가에 대한 것이다.

제**4**장

상호책임

1. 신뢰의 단계

코칭은 신뢰로부터 시작된다. 코칭은 신뢰성이 없는 단계에서 신뢰성이 높은 단계로 나아가는 가장 좋은 기술이다.

나는 신뢰성에 단계에 대하여 한 가지 예가 생각나는데 초년 목회 시절 지방도시에서 목회할 때 어떤 분이 교회 찾아오셨다. 제가 사무실에 앉아 있는데 사무실에서 본당 안이 다 들여다보이게 되어 있었다. 이 분이 본당에 들어와 간절히 엎드려 기도를 드리더니 감사헌금 봉투를 챙겨서 자기가 차고 있던 시계와 잔돈을 다 털어서 넣고는 저를 찾더니 감사헌금을 드린다고 하는 것이다. 그리고 자기를 소개하는데 서울에서 왔다가 가는 길인데 기도하고 싶어서 왔다고 한다. 저는 차림새도 누추하고 얼굴과 팔이 화상을 입은 분이라 이런 분이 감사헌금을 하는 것을 보고 마음에 감동이 되었다. 마침 저녁 때이고 해서 강권해서 식사라도 대접하려고 사택으로 모시고 가서 식사를 대접했다. 식사를 하면서 이런 저런 이야기를 하던 끝에 서울로 돌아갈 차비가 없으니 차비를 빌려달라고 하는 것이다. 나는 흔쾌히 교통비를 10만원이나 주어서 보냈는데 그 후 아무런 연락도 없는 것이었다.

전혀 신뢰할 수 없는 관계였던 것이다.

우리는 독불장군으로 살 수 없다. 우리는 사람들과 함께 서로 주고받을 수 있는 신뢰할 만한 그런 관계가 필요하다. 기쁠 때나 슬픈 때나 좋은 일이든 나쁜 일이든 서로 나눌 수 있는 그런 관계가 필요하다.

교회는 그리스도의 몸이고 우리는 그 몸의 지체이다.

그렇다면 우리는 공동체이고 서로 밀접한 피와 신경이 통하는 그런 관계이다.

하나님께서는 우리를 목적을 가지고 우리를 부르셨고 각 지체들을 몸에 두셨다. 우리는 각자 혼자 살도록 지으신 것이 아니다. 나 혼자 스스로 알아서 신앙생활을 한다는 것은 있을 수도 없고 될 수도 없는 것이다. 더욱이 셀라이프는 말할 것도 없다. 셀은 곧 공동체이기 때문이다.

사람이 성숙하고 변화되는 것은 셀라이프의 핵심이고 목적이다. 우리는 몸 안에서 셀 안에서 그리스도와 만날 때 변화되고 성숙되어진다.

공동체의 시작은 삼위일체이다.

성부 하나님, 성자 예수그리스도, 성령 하나님이 삼위일체의 관계 속에서 공동체를 이루고 관계를 이루고 있는데 이것이 우리의 모델이 되는 것이다. 우리도 또한 이와 같이 공동체 안에서 살아야 하는데 또 다른 이유는 공동체 안에서 삼위일체 하나님께서 그러셨듯이 그리스도인들이 공동체 안에서 서로 사랑하는 이런 모습을 볼 때 하나님이 본질이 그들에게 나타난다.

참된 관계 신실한 관계는 나의 내면의 참된 모습 그대로 다른 사람들에게 드러내 볼 수 있고 어떤 가장이나 과장이 없는 관계이자 서로 상호 책임을 질 수 있는 관계이다.

그것이 바로 셀인데 그 소그룹인 셀 안에서는 완전하게 자기 자신을 오픈 할 수 있어야 한다.

　　그러나, 이러한 신뢰성은 단번에 이루어지지는 않는다. 대부분의 관계에서 사람들은 가면과 방어를 유지하고 살아간다. 따라서 신뢰성은 점진적으로 성장되어야 한다.

[신뢰성 단계]

	1단계	2단계	3단계
개방성	가면과 체면을 유지	셀원들 사이에서는 비교적 개방	영적 바리새인들을 제외한 모든 사람에게 개방
지향성	자기중심적	치유	가능케 함
투명성	없음	제한된 범위와 대상에만 투명	투명한 삶
촉진성	없음	일부 있음, 간헐적으로 일어남	만나는 대부분의 사람을 촉진시킴 격려함, 세워줌 코치역할을 함
건강성	건강하지 않음	건강해져감	건강하다. 상처받지 않는다.
관계성	관계가 피상적으로 시작되고 정체하는 경향이 있다.	셀에서 좋은 관계를 맺는다.	투명성의 모델이 되어 진정한 관계의 촉진자가 된다.

2. 상호책임이란?

우리가 흔히 책임이라고 하면 부정적인 이미지가 떠오른다. 부담감 무거움, 압력, 숨 막히는 기대, 통제받는 것 등을 생각할 수 있는데 셀리더 코칭에 있어서 상호책임은 매우 긍정적이고 건강한 상호책임을 말한다.

셀에서 상호책임은 서로 에너지를 부여하여 주는 것이며, 의지를 부여하여 주는 것이다. 힘을 북돋아주고 격려하고 "당신은 할 수 있다."라고 말해주는 것이다.

내 삶에서 이러한 일들을 하나님께서 해결 할 수 있게 하여 주셨기 때문에 당신도 마찬가지로 그 문제를 할 수 있다. 능히 감당할 수 있다고 말해 주는 것이 바로 격려하여 주는 것이고 힘을 제공하는 것이다.

우리 중 아무도 혼자서 하나님 보시기에 심히 좋은 온전한 삶을 살아가는 사람은 아무도 없다. 그러나 건강한 코치와 동료 멘토가 있다면 또한 그들이 나를 책임져 줄때 나는 매우 안정되고 완전한 삶을 살 수 있는 것을 알게 된다. 이를테면 나 혼자 아무도 돌봐주지 않는 상태로 살아간다면 그냥 무의미하게 살아가는 날이 많을 것이다. 그러나 반대로 나에 대해서 얘기하여 주고 격려해주는 이런 사람들이 있기에 내 삶은 더욱 더 높은 차원으로 나아 갈 수 있다.

3. 누구를 책임지나?

　코칭은 코치와 코치이와의 관계에서 코칭이 이루어진다. 코치하는 사람은 코치라하고 코치받는 사람을 코치이라 하는데 목회자로부터 교구장 셀리더에 이르기 까지 우리는 모두 코치와 코치이 관계가 성립된다.

　목회자는 교회 안에서 코칭 중의 코치인 마스터 코치이다. 마스터 코치인 목사는 교구장(지역장)을 코치하고 교구장(지역장)은 셀리더를 코치하며 셀리더는 셀원들을 코치하는 관계가 된다.

　그러므로 이 모든 관계는 상호책임 즉, 서로간에 책임지는 관계가 된다. 뿐만 아니라 동등한 레벨인 교구장(지역장)과 교구장 사이에는 서로 상호 책임지는 동료 멘토가 붙게 되어 코치와 함께 3인 1조로 상호책임관계가 형성된다.

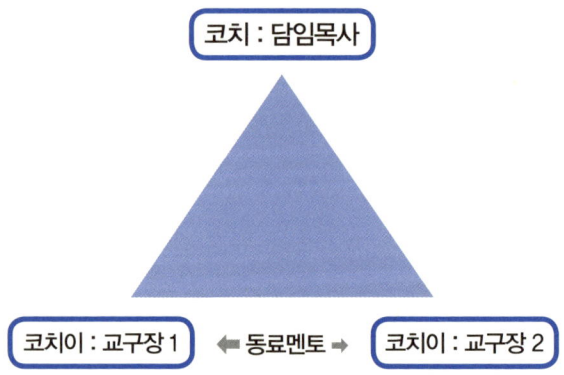

교구장(지역장)은 셀리더를 코치하며 셀리더간에는 2인1조로 동료멘토 관계가 형성되어 교구장–셀리더1, 2는 3인 1조로 상호책임 그룹이 된다.

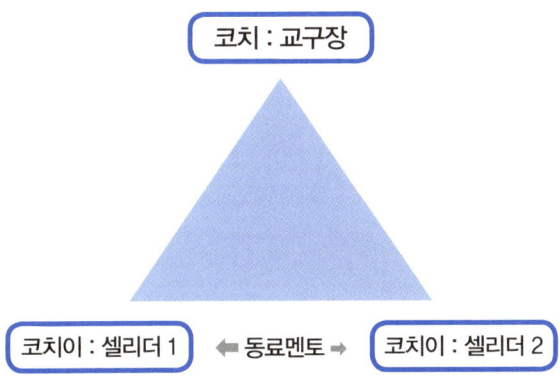

셀리더는 셀원을 코치하며 셀원간에도 역시 2인1조로 동료멘토 관계가 형성되어 셀리더–셀원1, 2는 3인 1조로 상호책임 그룹이 된다.

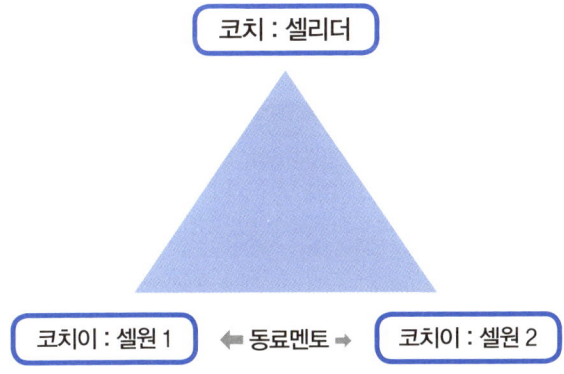

이렇게 상호책임지는 원리는 성경에서 나온 삼 겹줄의 원리로 "한 사람이면 패하겠거니와 두 사람이면 맞설 수 있나니 세 겹줄은 쉽게 끊어지지 아니하느니라"(전4:12)

둘째로 상호책임의 원리는 파레토의 원리이다.

파레토의 원리는 80/20 원리라고도 하는데 우리가 가장 중요한 것에 집중할 때 노력에 대해 가장 좋은 성과를 낼 수 있음을 말해준다. 사실 우리가 우리에게 주어진 20%의 중요한 것에 집중한다면 80%의 성과를 낼 수 있다는 것이다.

80/20의 예

- 우리가 가지고 있는 20% 시간이 80%의 결과를 가져온다.
- 20% 상담자가 우리의 80%의 시간을 소모시킨다.
- 사역 중 20% 사역이 80%의 열매를 가져온다.
- 20% 사람이 사역의 80%를 감당한다.
- 20%의 사람이 80%의 일을 결정한다.
- 20% 영향력 있는 사람들에게 80%를 투자해야 한다.

그러므로, 셀리더에게 있어서 셀은 나의 에너지에 80%를 투자할 곳이다.

4. 책임질 수 없는 사람

셀원은 셀리더에게 책임져야하는 주 대상이다. 그러나 책임질 수 없는 사람도 있을 수 있다는 것을 알 필요가 있다.

예수님의 12제자 중에도 예수님도 책임지지 못할 사람이 있었다. 바로 가룟유다이다. 이 사람은 결국 예수님을 은 30에 팔고 스스로 목매어 자살했다. 우리는 셀원을 하나님의 사랑으로 아버지의 마음으로 품고 사랑하고 상호책임지고 성장을 도와주는 사람들이지만 책임질 수 없는 사람 나의 삶을 나눌 수 없는 사람들도 있다는 것을 알 필요가 있다. 마태복음 7:1-6 말씀은 이런 사람에 대해 잘 말해주고 있는데 "거룩한 것을 개에게 주지 말며 너희 진주를 돼지 앞에 던지지 말라 저희가 그것을 발로 밟고 돌이켜 너희를 찢어 상할까 염려하라"고 부탁하신다.

이런 사람의 특징은 다른 사람을 상습적으로 비판한다. 그리고 자기 자신의 판단과 선입견으로 다른 사람들을 정죄하고 우리의 고귀한 가치를 무가치한 것으로 짓밟는다. 그것이 마치 정의인양 다른 사람들을 공격하기를 서슴치 않는다. 그리고 심지어 어떤 이들은 자기 자신의 이익을 위해 사람들을 이용한다. 이런 사람들과는 상호책임질수 도 없고 셀원으로 계속 유지할 수 도 없다.

모든 사람을 우리가 책임질 수 는 없다. 그러나 그들을 사랑하고 치유받기를 위해 기도하는 것이 필요하다. 우리의 우선순위는 이들이 아니라 셀원들이다.

5. 무엇을 책임지나?

상호책임은 구체적인 책임감을 말한다. 구체적 책임이란 분명한 구체적 문제를 갖고 있는 경우인데 셀원이 말하기를 "나는 체중을 10kg을 감량하기를 원한다." "나는 40일간 새벽기도를 빠지지 않고 나가기를 원한다."라고 말한다면 구체적인 목표가 된다. 이렇게 구체적인 문제를 갖고 그 부분을 도움 받기를 원하는 것 또는 어떤 행동이 구체적으로 변화되기를 원하는 것이 바로 구체적 책임이다.

셀리더와 셀원과의 관계에서 "나는 언제까지 3명의 불신자를 주님께로 인도하기를 원한다."라고 하는 것을 서로 책임지는 것이다.

그러나 어떤 셀원이 "나는 예수님을 너무나 닮고 싶어"라고 했다면 이것은 매우 막연한 목표가 된다. 그것이 어떻게 성취되었는지 도무지 알 수 가 없기 때문이다.

분명한 목표는 구체적이고 측정가능한 것이어야 한다. 그리고, 셀리더와 셀원, 셀원 상호간에 합의된 목표이어야 한다. 또한 이루어질 시간이 정해져 있고 실현가능한 것이어야 한다. 그래서 목표는 SMART하게 결정되어야 한다.

6. SMART 목표

- Specific : 구체적이며
- Measurable : 측정할 수 있고
- Agreeable : 합의된
- Realistic : 실현가능한
- Time-specific : 시간이 정해져 있는

주제	불분명한 목표	SMART 목표
영성	나는 예수님을 날마다 닮아가는 것이 목표다.	나는 앞으로 40일간 새벽기도를 빠지지 않고 출석하여 매일 한 시간씩 기도하고 성경을 한 장씩 읽고 큐티를 하겠다. 그래서 40일 후에 이 결과를 평가하겠다.
전도	나는 불신자를 전도하도록 노력하겠다.	나는 10명의 불신자를 놓고 기도하며 5명과 계속적인 관계를 쌓으며 6월 25일 추수행사까지 3명을 셀로 인도하겠다.
부부	나는 아내에게 좀 더 잘해주겠다.	나는 아내를 위해 하루 한번 칭찬을 하고 한 달에 한 번 외식과 공연을 같이 하겠다.
성품	좀 더 온유한 사람이 되겠다.	나는 평소에 자주 화를 내는데 화내는 것을 반으로 줄이는 것을 앞으로 2주 안으로 하겠으며 8주 후에는 화를 내지 않는 사람으로 변화되도록 하겠다.

제 **5** 장

변화하기

1. 변화의 과정

코칭을 하는 이유는 더 나은 셀리더로 변화시키기 위함이다. 다시 말해서 셀리더가 코칭을 통해 변화되지 않는다면 코칭은 무의미 해진다. 셀리더 역시 셀원들을 코칭하여 더 나은 사람으로 나아가 인터리더로 셀리더로 변화되어 가는 것이 목표이다. 그러나 변화는 그렇게 간단하지가 않다. 왜냐하면 어떤 사람이 바람직한 방향으로 변화되는데는 약 70 배의 에너지가 필요하고 그것을 유지하는 것 역시 간단하지 않기 때문이다. 상호책임이 중요한 것은 혼자서는 변화되기도 어렵고 변화를 유지하기는 더욱 더 어렵다.

만일 내 앞에 2개의 그릇이 있다고 가정할 때 한 그릇에는 얼음이 다른 한 그릇에는 물이 들어있다. 물만 담겨있는 그릇을 열을 가해 1도를 올리려면 1칼로리가 필요하지만 얼음이 가득 담겨있는 그릇이 녹아 물이 되려면 70배의 에너지, 이를테면 70칼로리가 필요한데 이 얼음 하나를 녹이기 위해서는 70칼로리가 들어간다. 이 얼음이 녹고 온도가 올라가야 하기 때문에 굉장히 어려운데 이와 마찬가지로 사람들의 습관을 변화시킨다는 것이 굉장한 에너지가 필요한 것이다. 대부분의 사람들이 뭔가 변화를 시도했다가 곧장 실패하면 낙심에 빠지는 이유가 있는데 그것은 에너지가 부족하기 때문에 그런 것이다. 그래서 하다가 안 되니까 좌절과 실망과 다시 옛날 습관에 빠져 들어가는 경우가 대부분이다.

[그림2]

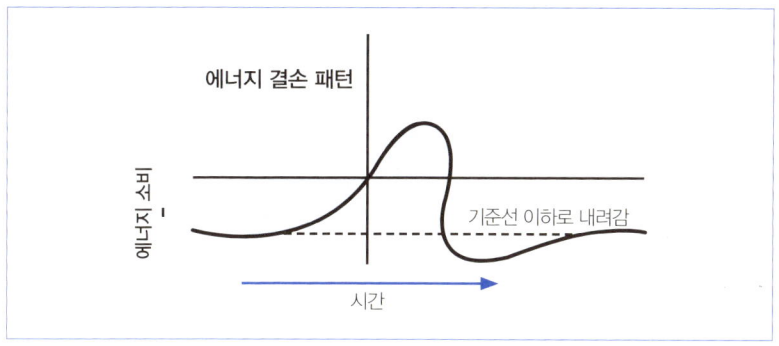

마치 다이어트를 열심히 했다가 얼마 지나지 않아 요요현상이 나
타나는 것과 같다. 그러나 [그림3]과 같이 변화되고 변화가 지속되려
면 긍정적인 에너지가 많이 투여되어야 하는데 혼자서 자가발전하기
가 어렵다. 따라서 코치와 동료 멘토의 상호 책임하에 계속적인 에
너지 부여가 이루어 져야 한다. 이러한 계속적인 에너지 부여작업을
T.E.A라고 부른다.

[그림3]

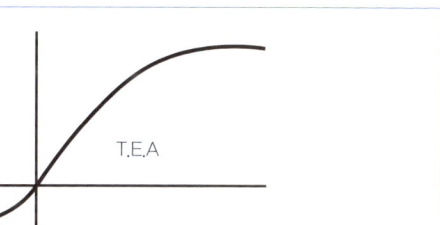

- Trust(신뢰) : 나는 셀원들의 변화와 성장과 잠재력을 믿는다.
- Encouragement(격려) : 나는 셀원들의 변화와 성장을 격려한다.
- Accountability(상호책임) : 셀원들의 변화와 성장은 나의 책임이다.

2. T.E.A

가. Trust(신뢰)

코칭의 기본적인 자세는 바로 신뢰이다. 모든 것은 마음에서 시작되므로 코치이에 대한 신뢰를 바탕으로 하지 않으면 수많은 기술도 방법도 결국 변화를 가져오지 못한다.

2006년 세계 야구선수권 대회에서 김인식 감독의 야구를 한마디로 믿음의 야구라고 했는데 그만큼 선수들을 믿어주고 실수하더라도 바로 질책하거나 징계하지 않고 계속해서 경기에 나가도록 하는 것과 같다고 할 수 있다. 코치는 코치이의 실수마저도 즐길 수 있어야 한다. 그런 마음가짐은 아버지의 마음, 즉 자식이 잘되기를 늘 바라고 믿어주는 마음일 것이다. 자녀에 대한 기본적인 신뢰 이것이 자녀를 올바른 길로 가게하고 또 성공하게 만든다.

셀리더는 셀원의 부족함을 지적하기보다 장점을 보게 하고 잠재력과 가능성을 믿어주고 세워주는 것이다.

나. Encouragement(격려)

우리 모두는 격려가 필요한 사람이다. 그러나 한국의 유교 전통은

사람을 격려하는 분위기라기보다 질책하고 책망하고 기죽이는 문화
이다. 그래서 우리는 칭찬과 격려를 별로 듣지 못하고 성장했다.

반면에 코칭에 있어서 매우 중요한 철학은 사람을 믿어주고 성장
과 잠재력을 인정해 주는 것이다. 다시 말해서 격려와 긍정의 에너지
로 코치하는 것이다. 그래서 코칭의 중요한 태도이자 기술 중 하나는
고객을 챔피언 만드는 것이다. 코치이를 챔피언 만든다는 것은 코치
이에게 할 수 있다는 자신감과 긍정적인 에너지를 엄청나게 공급해
준다.

(1) **코치이를 챔피언 만들기란**

고객의 발전에 흥분하는 것이며 고객의 성장과 변화를 축하하는
것이며 고객의 변화와 성장하고자하는 의지에 경외감을 보여주는 것
이다.

(2) **고객 챔피언 만드는 방법**

담임목사가 고등부담당 전도사에게 코칭을 통해 챔피언을 만들었
던 경험이다.

목사 : 지난주에 스스로 생각하기에 참 잘했고 대견하다고 여기는
경험이 있나요?

전도사 : 네. 수능을 앞두고 21일 학부모 기도회를 시작하였는데 처
음에는 15명이 오셨는데 10일이 지난 지금 100여명이 함께

참여하여 뜨겁게 기도하게 된 것입니다.

목사 : 와! 정말 대단하군요. 참 잘하셨습니다. 당신의 무엇이 그렇게 만들었나요?

전도사 : 아마 제가 제게 맡겨진 고등부 아이들을 사랑하고 간절히 그들을 위해 기도하는 열정이 전해진 것 같습니다.

목사 : 그것을 이루는 것이 당신에겐 어떤 의미입니까?

전도사 : 저에게는 아이들이 시험공포증에서 벗어나고 평안한 마음을 가질 뿐 아니라 하나님 나라를 위해 살고자하는 참된 진로를 발견하도록 돕는 것입니다.

목사 : 그 다음에는 어떻게 하고 싶습니까?

전도사 : 부모교육 프로그램을 만들어 부모님들이 자녀들의 신앙교육과 진로지도를 할 수 있도록 도와주는 것입니다.

목사 : 와! 정말 기대가 됩니다. 꼭 그렇게 되기를 바라고 기도하겠습니다. 그리고 학부모 기도회의 성공적인 진행을 축하드립니다.

이렇게 시작된 학부모기도회로 매년 300명 이상 어머니가 기도하고 100명 이상의 불신자 어머니들도 참여하는 놀라운 전도의 장이 되었다.

이와 같이 코치이를 챔피언이 되게 하고 격려하는 것이다.

다. Accountability(상호책임)

코치이의 변화와 성장을 위하여 목표를 정했으면 그 목표가 SMART한 목표인지 점검해 주고 그 목표를 이루고 유지하고 성장하기 까지 지속적으로 도와주고 책임지는 것이다.

(1) 상호책임 질문

상호책임을 지기 위해서는 자신의 목표에 대해 연락하거나 만날 때 마다 이렇게 물어봐 달라고 요청할 필요가 있다. 만일 앞으로 6주 동안 신약성경을 일독한다면 얼마의 주기로 이것을 물어보아 줄 것을 결정한다.

매 주일 마다 물어봐 주기로 정했다면 신약을 1/6으로 나누어서 진도표를 작성한다.

진도표에 따라 첫째 주는 누가복음까지 읽어야 한다면 1주일 후에 코치나 동료 멘토는 "진도표에 따라 이번 주에 누가복음까지 읽으셨나요?"하고 구체적으로 물어봐 주는 것이다.

(2) 상호책임의 방법들

• 전화를 걸어 말로 격려를 주라.
• 이메일을 보내어 격려하고 응원하라. 그리고 구체적인 질문을 잊지 말아라.
• 문자 메시지를 보내라. 문자 메시지로 격려하라.

- 3주에 한번은 함께 식사를 하라. 식사하면서 자연스럽게 격려와 코칭이 된다.
- 파트너가 목표를 달성했을 때 여러 모양으로 축하해준다. 상품권이나 책, 꽃 등을 선물한다. 수고에 대한 보상이다.
- 그를 위해 기도하라. 정기적인 기도의 시간을 내어 구체적인 목표를 이루도록 구체적으로 기도한다. 그리고 그에게 당신을 위해 기도하고 있음을 알려라.

제 **6** 장

경청과 강력한 질문

1. 경청은 능력이다.

박 집사님은 수지 지역에서는 알아주는 부동산 중개인이다.

이 분에게는 늘 수많은 사람들이 몰려들고 한 번 거래했던 경험이 있으면 새로운 고객을 데려온다. 그러나 처음부터 그랬던 것은 아니다. 10년간 열심히 나름대로 잘해왔지만 어느 순간에 그녀를 찾아오는 고객이 사라졌다. 고객이 다른 고객을 소개해 주는 경우도 거의 없다. 당시로서는 이해할 수가 없었다. 나름대로 노하우와 경험이 쌓여서 누구보다 이 업계에서는 자신 있다고 생각했는데 고객이 없었다. 그런데 코칭을 우연한 기회에 접한 후 자신이 고객의 말을 듣지 않고 있다는 것을 알게 되었다. 이제까지 그녀의 관심은 실적과 수수료 두 가지 뿐이었다. 그러나 이제 입을 닫고 고객의 말을 수첩에 노트해 가며 열심히 듣는다. 그리고 늘 질문을 하여 고객의 의중을 정확히 파악해 낸다. 그래서 고객이 원하는 집과 건물, 땅을 발견하고 이를 소개한다. 와우! 고객은 자신이 원하는 집을 발견하고 감격하는 것이다. 고객은 자신의 이야기를 하고 싶어 한다. 경청은 삶을 변하게 한다.

하나님께 열심히 자신의 소원을 1년 내내 매일같이 1시간이상 기도하던 교인이 그날도 자정에 기도하고 있는데 주님이 나타나셨다. 그는 곧 바로 자신이 얼마나 간절히 부르짖어 기도했는지를 줄줄이 늘어놓았다. 그러자 예수님이 말씀하셨다. "먼저 내 말을 경청하라.

그러면 같은 기도를 계속 반복할 필요가 없을 것이다."현대인들은 경청을 하지 않는다. 경청은 예의범절이라고 여겨지고 있고 예의범절 정도로서 경청 역시 사라지고 있다. 지금도 비슷하지만 웅변이 각광받던 시절이 있었고 스피치학원은 여전히 성업 중이다. 그러나 그 어느 곳에서도 커뮤니케이션이 예전에 비해 더 나아졌다고 보여지지는 않는다. 부부사이에 대화가 안 되는 것이나 부모와 자녀 직장 상사와 직원사이에 예전에 비해 커뮤니케이션이 더 나아졌다고 보여지는 증거는 없다. 그리고 말을 하지 않으면 모르는 사람이 되니까 기회를 잡기 위해서는 대화의 주도권을 잡아야 하고 적극적인 스피치를 해야 한다고 느낀다. 그리고 이 세상에는 경청할 만한 가치가 있는 말이 별로 없다고 생각한다. 말 잘하는 법에 대한 책들은 서점을 메우고 있지만 경청하는 법에 대한 책은 거의 없다. 그러나 경청은 대화의 과정에서 신뢰를 쌓을 수 있는 최고의 방법이다. 경청할 때 상대방은 자신의 감정이 인정받았다는 안도감을 갖게 되고, 혹시 있을지도 모르는 위협감이나 위화감을 해소해 준다. 사람에게는 누구나 생존본능이 있다. 이 본능이 위협받을 경우 어떤 상호작용도 적대적일 수 밖에 없으며, 상대방에게 어떤 형태로든 저항하게 된다. 경청은 이 날카로운 본능을 조용히 누그러뜨리며 상대방이 편안히 말할 수 있도록 해준다.

이사야 50장 4절 말씀에는 "주 여호와께서 학자의 혀를 내게 주사 나로 곤핍한 자를 말로 어떻게 도와 줄 줄을 알게 하시고 아침마다 깨우치시되 나의 귀를 깨우치사 학자 같이 알아듣게 하시도다."라고 말씀하신다.

"듣기는 속히 하고 말하기는 더디 하라"(약1:19)는 말씀과 같이 경청은 중요한 코칭기술이자 코치의 자세이다.

2. 진실한 대화를 죽이는 요소

진실한 대화를 죽이는 요소는 선입견과 충고이다.

사람들은 판단하기 위해서 무엇이 옳은가 무엇이 틀린가를 생각하면서 상대방의 말을 듣고 재빨리 속단하는 경우가 많다. 그것은 사람들의 얘기를 들을 때 그 사람들을 어떤 특정한 범주로 목록화 하는 것이다. '아! 이사람 의존적인 사람이구나. 이 사람 공주병이 심하구나. 아주 교만한 사람이구나.'이런 식으로 계속 라벨을 붙여 가는 것이다. 그래서 이런 경우에는 얘기를 들은 지 30초만에 그 사람이 어떤 사람이다. 라고 단정 지어버리는데 이처럼 고정화 시켜 버리는 것은 건강하지 못한 듣는 기술이 된다. 이러한 선입견은 바로 충고로 이어지게 되고 이러한 충고는 변화에 전혀 도움이 안되고 오히려 해가 되는 것을 보게 된다.

3. 듣기의 자세

듣기는 마음의 태도에서 시작된다. 듣기는 어떤 기술이 먼저가 아니라 잘 들으려는, 경청하려는 태도이다.

빌립보서 1장에 보면 주님께서는 아버지 하나님과 동등됨을 취할 것으로 여기지 않으시고 오히려 자기 자신을 비워서 종의 형체를 가지셨다. 우리 세계에 들어오시기 위해서 또 우리와 공감하시기 위해서 주님께서는 자신의 위치 자신의 관점을 내려놓으시고 우리와 함께 공감하시고 우리의 감정을 느끼시고 우리의 세계 가운데 들어오신 것이다. 이것이 바로 좋은 경청자의 모습이다.

좋은 경청자의 본이 되시는 모습으로 우리 주님께서는 성육신하셨고 우리와 함께 하셨고 우리와 같은 종의 형체를 가지시고 우리가 느끼는 감정을 느끼시고 이렇게 들어 주셨다. 그러므로 우리가 듣는 자세의 본은 예수 그리스도시고 그 분의 경청의 자세를 본받을 때 하나님 나라의 관점에서 경청하는 자가 된다.

우리가 진정으로 들을 때 하나님의 사랑으로 상대방을 존경하고 그의 감정에 충실하며 심판하거나 책망하거나 비난하는 자세로 들어서는 안 된다. 사람들로 하여금 안정감을 느끼게 하고 또 무슨 얘기를 하든 어떤 얘기를 하든지 간에 사랑과 자비와 긍휼의 분위기 가운데 들어야 하는 것이다.

정말 한 사람에게 이와 같이 깊이 경청하고 그들을 실제적으로 돕고 세울 때 그것은 그 삶을 놀랍게 변화시킬 수 있는 그런 일이 된다. 또한, 성령님께 또한 실제적으로 역사하시도록 들으면서 분별하면서 성령님께서 주시는 분별을 가지고 성령님을 의뢰하면서 들어야 하는 것이다.

4. 듣기의 3단계

가. 나 중심듣기

나 중심의 듣기는 대부분의 사람들이 하고 있는 방식이다.

자기 자신의 입장에서 자기 자신의 패러다임을 가지고 내 위주로 듣는 것이다. 이것은 때때로 유익하기도 하고 유익이 안 될 수 도 있다.

상대의 얘기를 들을 때 "지금 그 얘기를 들으니까 제 자신의 일이 생각이 나네요."하면서 나 자신의 일을, 내 삶의 겪었던 일을 얘기 하는 경우이다. 이렇게 할 때 우리가 코치로서 상대의 얘기를 들으면서 내 자신의 삶이 모습이 떠오를 때 솔직히 이 얘기를 들으면서 진실한 관계를 형성 할 수 있다. 그러나 상대방과 공감되지 않은 자기 자신의 예를 이야기할 때 아무런 도움이 안 되는 경우를 보게 된다.

나 중심 듣기의 폐단은 상대의 얘기를 듣다가 내 자신에게 자꾸 관심이 가는 것이다. 즉 내게 있었던 일들을 생각하고 '그 문제가 있었지'하면서 어떻게 하면 해결 할 수 있을까 집중하며 그 부분에 대해서 자꾸 물어봐서 뭔가 해결점을 찾으려하며 그래서 상대를 돕는다기보다는 내 자신의 필요에 급급하게 되는 것이다. 다시 말해서 그 듣기를 통해서 상대를 돕기보다는 내 자신의 어떤 도움, 나 자신의 필요에 초점을 두게 되는데 이것이 바로 1단계 듣기로 나 중심의 듣기이다.

나. 상대방 중심 듣기

이 단계는 비로소 경청이 시작되는 단계이다.

이 경청으로서 상대방 중심 듣기는 '이것은 이 사람에게 무슨 의미가 있는 것일까?'이렇게 질문을 하여 보는 것이다. 이 이야기가 지금 얘기하는 상대방에게 어떤 의미가 있는가. 또 무슨 표현을 하고 있는 것인가. 여러 가지 표현들이 상당히 효과적이고 또 의미가 있을 수 있는데 그런데 어떤 경우에는 단지 표현되는 자체뿐만 아니라 그 내면에 깊이 담겨 있는 그 모습을 볼 수 있어야 한다.

언어로 표현되는 것은 40%에 불과하고 60% 보디랭귀지 즉, 몸의 자세, 얼굴 표정, 눈 깜박임, 손을 쓰는 것 등 이 내면의 이야기를 나타낸다. 단지 말로 표현된 표현보다는 표현 내면에 무엇을 얘기하고 있는지 그 내면의 중심을 파악 하는 것이다. 자신이 뭔가 지금 겪고 있는 어려움 아픔, 감정, 느낌 등을 파악하는 것이다. 그래서 그가 지금 단어를 표현하였지만 그 내면 속에 무엇이 담겨있는 지를 알고자 귀 기울이는 것이고 파악하는 것이다. 이럴 때 경청으로서 진실한 관계가 형성 될 수 있다. 즉 2단계 상대방 중심 듣기는 대화 가운데서 단지 대화를 주고받는 그 정도가 아니라 내면속에 있는 뜻을 들어 주는 것인데 이것이 바로 코치로서 해야 할 일이다. 이와 같은 코칭을 하게 될 때 굉장히 강력한 역사가 나타난다.

다. 주님의 마음으로 듣기

3단계인 주님의 마음으로 듣기는 지금 이 상황에서 저 사람에게 하시는 주님의 음성은 무엇인지를 듣는 것이다. 또한, 주님이 저 사람을 통하여 나에게 무엇이라 말씀하시는가 하는 것을 듣기도 하는 것이다. 뿐만 아니라 오늘 우리에게 무엇이라 말씀하시는가하는 것을 듣는 것이다. 이것은 코치이로 하여금 큰 그림을 보게 하고 이제까지 상황에 가리워진 것을 넘어서서 새로운 단계로 나아갈 수 있는 지평을 열어 준다. 따라서 그가 직면한 그런 문제를 단지 방어하게만 하지 않고 이제는 그의 운명 혹은 부르심에 따라서 다음 단계로 나아갈 수 있도록 코치하여 주는 것이다. 세속적인 코치들은 이것을 '직관적 경청'이라고 하는데 들으면서 '아, 이런 느낌이 듭니다. 제가 지금 얘기하는 부분에 대해서 떠오르는 것을 한번 얘기해 볼까요?'라고 말한다.

그들은 이것을 가리켜 마치 근육을 키우는 것과 같다고 표현한다. 그러나 크리스챤 코칭은 분명히 성령의 조명을 받는다. 예수 그리스도로 말미암아 구원받고 새로운 피조물된 심령에는 하나님의 성령이 함께 계시고 계시의 영으로 함께 하신다.

우리가 어떤 삶의 영역에서는 분명한 원리를 가지고 있지 못할 지라도 어떤 것이 옳은지 어떤 것이 나쁜지 영적으로 감각이 있는 것이다. 이를테면 빨간색, 노란색, 초록색 깃발이 있는 것처럼 이것은 합당하다. 이것은 합당하지 않다를 직관적으로 알 수 있고 기도와 말씀을 통해 더욱 분명해 진다.

보혜사 성령께서 우리에게 모든 것을 기억나게 하신다는 것이다. 많은 경우에 우리는 성령께서 우리의 기억을 일깨워 주신다. 우리의 지나간 삶, 상황들이나 기억들을 성령께서 일깨워 주시고 그 다음 단계로 나아가는 것은 초자연적인 계시 가운데로 나아가게 하신다.

성령께서는 지각을 일깨우시면서 공급하여 주시는데 셀원들과 얘기를 들을 뿐만 아니라 성령께서 어떻게 우리의 삶을 이끄시는가 어떻게 말씀해 주시는 것을 인식해야 한다는 것이다. 그러므로 코치로 믿는 자로서 우리는 우리의 영적인 감각을 계속 개발하여야 한다.

5. 듣기 연습하기

가. 듣기 연습의 과정(Mfeef)

듣기 연습의 과정은 다음과 같은 순서로 하게 된다.
- Modeling : 코치가 먼저 무엇을 할 것인지를 말해주고 시범을 보인다.
- Feedback : 코치가 먼저 시범을 보인 것을 보고 무엇을 알게 되었는지 무엇을 느꼈는지를 말하게 한다.
- Explain : 코치는 이 기술의 원리를 설명한다.
- Exercise : 코치들이 동료 멘토간에 이 기술을 실습한다.
- Feedback : 코치들이 연습을 마치고 난 후 느낀 점을 코치에게 말한다.

나. 진실한 대화를 죽이는 역할극

Modeling
- 먼저 주제를 소개한다. 즉 선입견을 가지고 충고를 하면 진실한 대화를 죽인다는 것을 보여주겠다고 하라.
- 자원자를 한사람 선택한다.

- 자원자에게 감사와 격려를 하라.
- 코치이들에게 당신이 잘못된 시범을 보일 것이라 말하고 당신이 한 것 중 잘못한 것을 적으라고 하라.
- 잘못된 시범을 보인다.

Feedback

- 코치이들에게 이렇게 묻는다. '제가 이런 식으로 했을 때 어떤 느낌이 들었나요?'
- 무엇이 싫었나요?
- 당신은 어떤 말을 듣고 싶으세요?

Explain

- 충고는 상대방에 대한 선입견에서 나오고 충고는 사람들을 변화시키지 못한다는 것을 설명한다.

Exercise

- 코치이들이 동료 멘토간에 이 기술을 실습한다.

Feedback

- 이 연습을 통해서 무엇을 느끼셨나요?

다. 대화를 살리는 역할극

Modeling

- 이제 진짜 대화를 하는 것을 보여주겠다고 한다. 어떤 충고도 하지 않는다.

Feedback

- 코치들에게 이렇게 묻는다. '어떤 차이를 느끼셨어요? 결과가 어떠했는지를 물어 본다.

Explain

- 잘 들어주는 것이 백 마디 충고보다 낫다는 것을 설명한다.

Exercise

- 코치이들이 동료 멘토간에 이 기술을 실습한다.

Feedback

- "동료가 경청할 때 어떤 느낌이 드셨나요?"
- 말하고 나서 지금 느낌은 더 좋나요? 별 차이 없나요? 아니면 더 안 좋았나요?"

라. 행동단계

(1) 충고하고 싶은 마음을 억제할 수 있는 방법은 무엇입니까?

(2) 나는 무엇을 할 수 있고 무엇을 해야 하나요?

(3) 행동단계를 SMART 목표로 정하고 서로 상호책임 지도록 한다.

6. 코칭의 핵심기술인 질문

진실한 대화를 하려면 경청과 건강한 호기심이 필요하다.

건강한 호기심을 충족시키는 기술은 바로 강력한 질문을 통해서 이루어진다. 반면에 진실한 대화를 죽이려면 선입견과 충고로 일관하면 된다. 이미 우리가 익숙하게 하고 있는 일들이다.

예수님은 강력한 질문을 자주 사용하셨다.

가이사랴 빌립보 지방에 이르렀을 때 제자들에게 물으시길 "사람들이 나를 누구라 하느냐"는 질문을 하시자 제자들은 "세례요한이라고도 하고요. 또 다른 사람들은 어떤 선지자 아니면 죽은 선지자가 되살아났다. 이런 식으로 이야기 하는 것 같습니다."라고 대답했다. 그리고 이어서 직접적인 질문을 하셨는데 "너희는 나를 누구라 하느냐"라고 질문 하셨다. 이것이 강력한 질문이었기에 그에 대한 답변 또한 놀라왔다.

시몬 베드로가 대답하기를 "주는 그리스도시요 살아 계신 하나님의 아들이시니이다."

"바요나 시몬아 내가 복이 있도다 이것을 알게 하신 것은 너의 지혜가 아니라 하늘에 계신 아버지께서 깨닫게 해 주신 것이다."

여기서 보듯이 강력한 질문은 사람들로 하여금 강력한 인식을 갖게 할 뿐 만 아니라 강력한 타결책을 갖게 하고 더 그 일에 헌신하게 하고 집중하게 하고 헤쳐나갈 수 있도록 도와주는 것이다.

이것은 어떠한 설교나 가르침보다도 더 깊은 조명을 주고 강력하게 삶을 변화시키는 것을 보게 된다.

7. 변화의 능력

강력한 질문을 하게 될 때 얼마나 놀라운 변화를 일으킬 수 있는지를 알려주는 예가 있다. 미국의 1700년대는 노예제도가 존재하던 시대였다. 이 때 존 우먼이라는 사람이 노예제도를 폐지하고자 노력하였는데 그 방법은 강력한 질문을 하는데 있었다.

그는 노예 소유자들에게 계속적으로 도전을 하였는데 30년 동안 2가지 질문을 계속해서 말한 것이다. 그가 노예 소유자들을 만날 때마다 했던 첫 번째 질문은 '노예를 소유한다는 것이 당신 같은 도덕적인 사람에게 어떤 의미를 줍니까?'

두 번째 질문은 '노예를 소유함으로 당신의 자녀들에게 어떤 제도를 남겨 주는 것이 되겠습니까?'

이와 같은 질문을 통해서 사람의 마음이 움직여 투표권을 움직이게 되었고 노예 소유자들의 마음과 퀘이커 교도들의 마음을 움직이게 되었다. 결국은 단순한 2가지 질문이 그들 스스로 생각하도록 만들었을 뿐 아니라 그들의 마음을 움직이게 되었고 이것은 결국은 노예해방이라는 놀라운 변화를 일으키게 되었다.

아내가 어느 날 개척교회를 하는 목사님 사모님을 집에 모시고 왔다. 그 분의 남편이 개척을 한지 2년이 지났지만 교인은 자기 가족을 제외하고는 2가족이 전부라는 것이었다. 너무나 생활이 어려워 파출부를 다니고 있는 중이라고 했다.

남편은 원래 공무원이었는데 갑자기 소명을 받았다고 하더니 자기와 상의도 안하고 직장을 그만두고 신학교를 가서 목사님이 되었는데 너무나 목회가 안 된다는 것이었다. 아이들은 중학교와 고등학교를 다니고 있는데 너무나 어려워 남편에 대한 원망이 저절로 나온다며 너무 미워서 교회 일도 하기 싫고 혼자서 목회를 하든지 말든지 모르겠다고 하소연하였다.

그 분의 이야기를 다 듣고 난 후, 이렇게 질문을 했다. "사모님 이대로 지내신다면 앞으로 3년 뒤에는 어떻게 될 것 같습니까?"사모님은 마치 망치로 머리를 얻어맞은 듯 아무런 말도 하지 못하고 계셨다. 이런 질문은 한번도 받아본 적이 없었다는 것이다.

다음에 그 분을 만났을 때 그분은 파출부 일을 접고 남편과 함께 열심히 전도를 다니신다고 하셨다. 교회는 새롭게 희망이 생기고 새 가족이 등록하기 시작했다는 것이다. 누가 사람은 변하지 않는 존재라고 했던가! 코칭은 사람을 변하게 한다.

사람 만나기를 좋아하지 않고 만나면 일 이야기 외에는 별로 할 말이 없었던 나 같은 사람도 변했다. 이제 나는 사람 만나는 것이 재미있고 편안해졌다.

8. 강력한 질문의 방법

　강력한 질문을 한다는 것은 하나의 기술적인 문제가 아니라 강력
하게 잘 들을 때 좋은 경청을 통해서 좋은 질문을 할 수 있게 된다.
코치는 전문가라는 생각 이전에 코치이를 존중하고 하나님이 지으신
소중한 존재임을 깊이 인식 할 때 비로소 그들 삶의 실제적인 필요와
그들 스스로 이 문제를 헤쳐 나갈 수 있도록 질문을 할 수 있다.

　한마디로 영혼을 사랑하는 그 마음이야말로 상대방을 실제적으로
세울 수 있는 그런 질문을 할 수 있도록 한다는 것이다.

　질문이 강력했던 이유는 사람들로 하여금 스스로를 돌아 볼 수 있
도록 초대 한 것이기 때문이다. 마치 강력한 질문은 사람들을 자기
스스로 장비를 갖추고 비행기를 몰도록 하는 것과 같다. 비행에 필요
한 모든 장비를 갖추게 하고 모든 장애요소를 제거하게 하고 드디어
날아오르게 만든다. 이를테면 '아무런 조건의 제약이 없다면 3년 안
에 이루고 싶은 일이 무엇입니까?'

　'그 일을 이루기 위해 오늘 하고자 하는 일은 무슨 일입니까?'

　이와 같이 도전하고 질문 할 때, 그들 스스로 자신이 미처 인식하
지 못했던 그 잠재력을 향해서 또 하나님이 계획하신 그 삶을 향해서
구체적으로 나아 갈 수 있게 해준다.

　코치이와 대화를 나누던 중 코치이가 '아무래도 용인으로 이사를
가야 하겠다.'고 한다. 그럴 때 '당신은 왜 용인으로 이사를 하려고 합

니까?'라고 질문을 하게 되면 조금 무례한 느낌이 든다. 그리고 상대에게서 표면적인 답변만을 얻을 수 밖에 없다. 그런데 조금 잘 질문을 하게 되면 마음으로 깊숙이 들어가는 질문이 된다. '무엇이 당신으로 하여금 용인으로 이사하게 했습니까?'자 이와 같이 질문하게 되면 어떤 봉급 문제라든지 또 현재 직장에서 어려움들과 압력, 또는 자기 자신의 삶에 현재 겪고 있는 문제들을 통해서 하나님의 부르심이 라던가 인도하심을 돌아보게 되면서 과연 무엇이 나로 하여금 이렇게 이사하게 했는가를 알게 하는 놀라운 효과가 있는 것이다. 아무튼 이처럼 강력한 질문은 우리가 사람들에게 단지 어떤 정보를 얻고자 하는 그런 것이 아니다. 우리가 코칭을 할 때 어떤 사람의 정보에 대해서 여러 가지로 계속 알아내는 것은 거의 필요한 일이 아니다. 코칭은 건강한 호기심 즉, 강력한 질문을 통해서 그의 심령 깊이 있는 것들을 스스로 끌어낼 수 있게 하고 또 생각해 볼 수 있도록, 회상해 볼 수 있도록 또 결정해 볼 수 있도록 하는 것이다.

7가지 강력한 질문

1. 열정을 불러일으키기

가. 상황

박 집사는 35세의 전업주부로서 공사합동기업에 다니는 남편이 회사에서 과장으로 있으며 수지지역에서 45평 아파트에 살면서 두 아이의 어머니로 가정주부로 편안한 삶을 누려왔다. 교회에서는 구역장을 맡은 지 5년이 지났지만 구역은 성장하거나 재생산하지 않았고 늘 제자리걸음이다. 그러나 나름대로 책임감은 있어서 꾸준하게 맡겨진 책임은 잘하고 성장하지는 않았지만 퇴보하지도 않았다. 김 집사는 일상생활이 너무 단조로워 가끔 새로운 삶을 살아 봤으면 하는 꿈을 꾸어 보지만 변화를 갖는 것 역시 두렵다.

나. 무엇을 코치하나?

위의 경우 너무나 문제가 없는 삶이 문제인 경우다. 이런 경우 셀리더는 자극과 환기를 사용하여 셀리더 속에 묻혀져 있던 더 많은 가능성을 끄집어내고 열정이 타오르도록 하는 것이다. 그러나 사람들은 자신이 진정으로 원하는 것을 감추는 경향이 있다. 코치는 이 강력한 질문을 통해 코치이가 진정으로 원하는 것을 끄집어낸다.

다. 목표

(1) 더 많은 것을 알게 한다.

더 많은 가능성 더 큰 목표, 진심으로 셀리더가 원하는 것을 이끌어 낸다.

(2) 더 부족한 것을 알게 한다.

삶에서 어떤 것이 부족한지를 스스로 알게 한다.

(3) 새로운 영역을 발견하게 한다.

다른 시각 다른 영역에서 보면 또 다른 무한한 가능성이 있음을 스스로 발견하도록 도와준다. 필요하면 더 높은 수준이나 다른 수준의 것을 제시한다. 가능성을 넓히고 창조성을 증가시킨다.

라. 코칭기술

(1) 생각하지 못했던 상상을 뛰어 넘는 질문을 한다.
(2) 깊은 의미를 질문한다.
(3) 그 대답이 정말 내면에서 진정 원하는 답인지를 확인한다.

마. 코칭질문

(1) 셀리더에게
- 당신이 담임목사라면 (사모님이라면) 무엇을 어떻게 하시겠습니까?
- 왜 그렇습니까?
- 또 다른 할 일은?

(2) 일반적인 질문
- 당신에게서 무슨 일이 일어나면 기적이라고 생각합니까?
- 왜 그것이 기적입니까?
- 또 다른 기적을 원하는 것이 있다면 무엇입니까?

(3) 자녀에게 하는 열정 질문 1
- 너는 다른 사람으로 태어난다면 누구로 한번 살아 보고 싶니? (정치가, 탐험가, 작가 ....)
- 어떤 점이 너에게 매력적이니?
- 또 다른 사람은?

(4) 자녀에게 하는 열정 질문 2
- 네가 아빠라면 어떻게 하고 싶니? (엄마)
- 그것이 어떻게 좋니?
- 다른 것은?

⑸ 직원에게 하는 열정 질문
- 당신이 사장(원장)이라면 앞으로 한 달간 무엇을 하고 싶습니까?
- 왜 그렇습니까?
- 또 다른 할 일은?

⑹ 일반적인 열정질문 1
- 돈, 시간, 자원 등의 제한이 없다면 무엇을 하고 싶습니까? 왜 그렇습니까?
- 또 다른 할 일은?

⑺ 일반적인 열정질문 2
- 로또 복권 1등에 당첨되었습니다. 무엇을 하시겠습니까?
- 왜 그렇습니까?
- 또 다른 할 일은?

⑻ 일반적인 열정질문 3
- 인생을 다시 산다면 무엇을 하고 싶습니까?
- 전에 이것을 하고 싶은 생각이 있었습니까?
- 또 다른 할 일은?

2. 코치이 자신을 인식시키기

가. 상황

여전도사인 김 ○○ 전도사는 프라이드가 매우 강한 사람이다. 성격이 매우 주도적이라 매사를 자신이 주도하지 않으면 매우 답답하다. 비교적 세련된 외모와 의상으로 주변에서 옷 잘 입는다는 소리를 듣는다. 그런데 동료 목사나 전도사 또 평신도 교구장이나 셀리더들과 자주 갈등과 충돌을 빚는다. 그런 뜻이 아니었는데 말한 것이 오해가 되어 돌아오기도 하고 담임목사님의 뜻을 잘 받들어서 한다고 한 일이 교구장들의 반감을 사고 일방적이고 지시적이라는 비난을 받는다. 김 전도사는 정말 자신은 부드럽고 따뜻한 사람이라고 스스로 생각한다. 그리고 자신은 지적이고 실력을 갖춘 사역자라는 것을 믿어 의심치 않는다. 그러나 동료와 평신도 교구장과의 갈등으로 괴롭다. 어떻게 할 것인가?

나. 무엇을 코칭하나?

위의 경우는 자기 자신이 누구인지를 또 다른 사람들이 자신을 어떻게 생각하고 어떻게 느끼는지를 인식하지 못하는 가운데 있다. 사람들은 자기 자신을 많이 알수록 좋은 선택을 할 수 있다. 그러나 많은 사람들이 자기 자신을 모르고 있다. 코칭은 코치이가 다른 사람들이 그에 대해서 알고 느끼지만 자기 자신 스스로 인식하지 못하는 맹점과 타인도 모르고 자신도 모르는 그러나 변화되어야할 부분들을 스스로 발견하게 하여 변화되도록 하여야 한다.

다. 목표

(1) 자기 자신이 누구인지를 알게 한다.
(2) 가지고 있는 고정관념이 무너지게 한다.
(3) 자신의 가능성을 확대해 나간다.

라. 코칭기술

(1) 누구? (Who?)
(2) 정의? (Why?)
(3) 사례 (How?)

마. 코칭질문

(1) 셀리더에게

- 다른 사람들이 오해하는 당신은 누구입니까?
- 그것이 오해라고 생각하는 이유는?
- 오해를 변화시키려면 어떻게 해야 하나요?

(2) 기본질문

- 당신은 자기 자신을 한마디로 말하면 누구라고 소개하시겠습니까?
- 그것에 대해 좀 더 자세히 말씀해 주시겠습니까?
- 가장 신나는 일이나 경험은 무엇입니까?

(3) 자녀에게 1

- 너는 다른 사람들이 너를 어떤 사람이라고 말하니?
- 너는 너를 누구라고 생각하니?
- 어떤 일을 할 때 신나고 즐겁니? 어떤 때 힘들고 짜증나니?

(4) 자녀에게 2

- 너의 재능과 은사가 무엇이라고 생각하니?
- 하나님이 너를 무엇을 위해 만드셨다고 생각하니?
- 무엇을 할 때 마음이 기쁘고 신나니? 무엇을 할 때 힘들고 불편하고 우울하니?

3. 탁월함을 도출해 내는 질문

가. 상황

  셀리더인 최집사는 셀리더가 된지 5년이 지났지만 사역의 열매가 별로 없다고 스스로 느낀다. 자신은 열심은 있지만 능력이나 은사가 없다고 느낄 때가 많다. 그래서 때때로 좌절하게 되고 나같이 무능한 사람은 셀리더를 다른 사람이나 잘 하도록 그만두어야 하지 않을까 생각해 본다. 그래서 목사님께 금년이 지나가기 전에 셀리더를 사임 하겠다고 말씀 드릴 예정이다. 그러나 한편으로는 그만두고 싶지는 않고 뭔가 잘해보고 싶은데 안 되는 것이 안타깝다.

나. 무엇을 코칭하나?

  이 상황은 앞으로에 대한 큰 그림 즉 비전이 없고 남과 비교하여 열등감을 가지고 있는 상태이다. 코치는 코치이의 탁월함을 지적해 줄 수 있는 사람이다. 우리는 우리 자신이나 다른 사람들의 잘못과 약점을 지적하는 데는 익숙하지만 탁월함을 말해주는 데는 약하다. 코칭이란 코치이 속에 잠자고 있는 탁월한 능력과 은사를 끄집어내 어 불 일듯 해야 한다. 그러므로 코치이가 큰 그림을 그리게 하고 자신만이 가진 은사와 능력을 발견시켜 자신감을 갖게 하고 하나님이 주신 은사와 능력을 마음껏 펼칠 수 있도록 도와주는 것이다. 즉, 성공하는 방법을 찾아 주는 것이 아니라, 탁월함을 찾아주는 것이다. 즉 이 사람만 가지고 있는 것, 이 사람만 추구하는 가치, 남들과 다른 이 사람만의 독특함을 끄집어내는 것이다.

다. 목표

(1) 잘못된 겸손과 무능에서 벗어나 자신의 탁월함을 발견하게 한다.
(2) 탁월함에 대한 오해를 바꿔 준다. 재산이 많은 것이 곧 탁월함이 아니라 탁월함의 결과가 재산임을 알도록 한다.

라. 코칭기술

(1) 큰 그림은?
(2) 당신만의 뛰어난 것은?
(3) 발목잡고 있는 것은?

마. 코칭질문

(1) **기본질문**
- 큰 그림? 80세가 되었을 때 꿈, 그림은 무엇입니까?
- 탁월하고 싶은 것? 당신만의 뛰어난 것이 무엇입니까? (은사 + 능력 + 경험)
- 당신만이 할 수 있는 그 무엇이 있다면 그것은 무엇입니까?
- 장애물? 외적 / 내적
- 어떻게 그 결과를 측정할 수 있습니까?

(2) **자녀에게 하는 탁월질문**
- 너는 죽어서 무엇을 남기고 싶니?
- 그러기 위해서 오늘 개발해야 할 것은 무엇이니?
- 못하게 발목잡고 있는 것은?

(3) **셀리더에게 하는 탁월질문**
- 주님 앞에 갔을 때 무엇을 했다고 인정받고 싶으십니까?
- 그러기 위해서 당신이 개발해야 할 것은?
- 당신만이 기여할 수 있는 특별함은?
- 장애물은?

(4) **기타 탁월질문**
- 죽어도 100년이 남는 유산이 있다면 무엇입니까?
- 수입이 50% 줄어도 꼭 해야 할 일이 있다면 무엇입니까?

4. 더 성공하도록 만드는 질문

가. 상황

유 집사는 요즈음 셀모임이 너무 재미있다. 연초에는 셀원이 4명으로 시작했는데 교회에서 전도소그룹을 실시하고서 전도가 되기 시작하자 셀원이 8명으로 늘었다. 셀리더인 자신도 2명을 전도했고 셀원 중 2명을 전도하여 8명이 된 것이다. 이 교회는 G-12 방식으로 지역별 구역별 개념이 없고 전도하면 다 내 제자가 된다는 점에서 동기부여가 되고 있다. 연말에는 최소한 1개의 셀을 번식할 수 있으리라고 기대하고 있다.

나. 무엇을 코칭하나?

이 사람은 지금 성공적인 전도를 맛보고 있다. 코치는 코치이가 지금하고 있는 것보다 더 많고 좋은 것을 할 수 있도록 해주는 것이 코치이다. 코치이는 자신이 할 만큼 했다고 생각하고 현재에 만족하고 안주하기 쉽다. 실제로 사람들은 그들이 올릴 수 있는 능률의 10%에도 못 미치게 사역하고 있다. 조금 만 더 생각을 바꾸면 조금만 더 집중하면 조금만 더 큰 그림을 보면 1~2배 차이가 아니라 10배 이상의 성과를 올릴 수 있는 일이 부지기수다.

다. 목표

(1) 지금 한 것 보다 3~10배의 성과를 성취하게 도전한다.

(2) 더 좋은 전략을 짜게 한다.

(3) 고정관념을 깨게 한다.

(4) 새로운 기술을 가르친다.

(5) 더 큰 그림을 보게 한다.

(6) 용기를 북돋운다.

(7) 다른 관점에서 보게하라.

(8) 시간을 절약할 수 있는 방법을 찾는다.

라. 코칭기술

(1) 노력결과(축하)

(2) 새로운 옵션

(3) 실행계획

마. 코칭질문

(1) 기본질문

- 지금까지 한 것 중 잘한 것은 무엇입니까? 그것을 3배(10배)로 잘하려면 어떻게 해야 할 까요?
- 이제까지 하지 않았던 새로운 방법은 무엇일까요?
- 어떻게 시작하시겠습니까?

(2) 자녀에게 하는 노력질문

- 네가 제일 잘하는 것(과목, 운동, 사교성 등등)은 무엇이니? 와! 축하한다. 정말 굉장하구나. 그러면 그것을 3배로 잘하기 위해서 어떻게 해야 할까?
- 그 생각은 오늘 처음 생각한 것이니? 아니면 그 전부터 생각한 것이니?
- 그 생각을 현실로 만들려면 어떻게 해야 하지? 무엇부터 시작할래?

(3) 셀리더에게 하는 노력질문

- 셀리더로 사역을 하면서 잘했다 생각되는 스스로 대견한 일은 무엇이었습니까? 와! 정말 대단하군요. 그 것을 3배로 잘하려면 어떻게 하면 될까요?
- 새로운 생각은?
- 어떻게 하면 될까요? 무엇부터 하실래요?

5. 우선순위 정하기 질문

가. 상황

  셀리더인 김 집사는 늘 바쁘다. 하루가 왜 이렇게 빨리 지나가는지 정말 피곤하고 지친다. 남편도 챙겨야지 고1, 중1인 아이 둘을 챙겨야지 집안 살림 해야지 학교에서는 학부모회 임원을 맡아 학교 일도 봐야하고 고1인 아이의 공부도 살펴보아야 하고 건강도 챙겨 주어야 한다. 둘째 아이는 피아노를 전공시키려고 집중적인 레슨을 받고 있기에 그 일도 만만치가 않다. 또 교회에는 거의 매일 출근하다시피한다. 월요일은 새 가족 심방이 2군데 화요일 10시부터는 셀리더 훈련이 12시까지 있고 수요일은 대심방 기간이라 심방대원으로 가야한다. 목요일에는 오전 10시부터 오후4시까지 목요 전도대로 나가야 한다. 금요일은 셀모임이고 토요일은 교회 문화교실에서 플룻을 배우고 있다. 주일은 하루 종일 교회서 새 가족팀으로 봉사하고 셀리더로 셀원들의 출석을 확인하고 셀원들을 격려한다. 나는 언제 내 시간을 갖고 나만의 삶을 살아보나 생각할 때가 많이 있다.

나. 무엇을 코칭하나?

우리에게 발생하는 긴급한 일의 90%는 중요한 일이 아니다. 스티븐 코비는 우리에게 "중요한 것을 먼저 하라"고 충고한다. 그는 4세대 시간 관리를 말하면서 중요한 것을 구분하고 4상한 중 제2상한에 집중할 것을 말한다. 제2상한에 해당되는 것은 중장기계획, 예방이나 생산능력 향상, 새로운 기회 발굴, 인간관계구축 등 중장기적으로 재생산이 가능한 활동들이다.

다. 파레토의 원리

예수님께서는 바리새인들을 향해 "소경된 인도자여 하루살이는 걸러내고 약대는 삼키는도다." (마 23:24)

비효율적인 삶의 특징은 우선순위를 모른다는 것이다. 마 23:24에서 바리새인들의 우선순위는 율법만을 따르는 것이었지만 예수님은 사람들의 필요가 더 먼저였다. 그래서 예수님은 더 중요한 것과 중요한지 않은 것을 구분하지 못하는 바리새인을 책망하셨다.

우리의 최고의 목표는 지상 대명령(마 28:18-20)을 성취하는 것이다. 하지만 성경은 이 일에 대한 단계적이고 구체적인 지침은 알려 주고 있지 않다. 따라서 우리는 하나님께 지혜를 구하고 비전을 바라보며 우선순위를 정해 세월을 아끼며 살아야 한다.

파레토의 원리는 80/20 원리라고도 하는데 우리가 가장 중요한 것에 집중할 때 노력에 대해 가장 좋은 성과를 낼 수 있음을 말해준다. 사실 우리가 우리에게 주어진 20%의 중요한 것에 집중한다면 80%의 성과를 낼 수 있다. 우리에게 우리 날 계수함을 가르치사 지혜의 마음을 얻게 하소서 (시 90:12)

80/20의 예

- 우리가 가지고 있는 20% 시간이 80%의 결과를 가져온다.
- 20% 상담자가 우리의 80%의 시간을 소모시킨다.
- 사역 중 20% 사역이 80%의 열매를 가져온다.
- 20% 사람이 사역의 80%를 감당한다.
- 20%의 사람이 80%의 일을 결정한다.
- 20의 성도가 80%의 헌금을 한다.
- 20% 영향력 있는 사람들에게 80%를 투자해야 한다.

라. 목표

⑴ 방해와 정신을 산만하게 하는 것을 제거한다.
⑵ 목표를 발견하고 집중하게 한다.
⑶ 완벽주의를 벗어나게 한다.
⑷ 질질끌고 얽매인 것을 벗어나게 한다.

(5) 동역자를 세우게 한다.

(6) 성공을 재정의 한다.

마. 코칭기술

(1) 코치이가 얻으려고 노력하는 것이 무엇인지 알아야 한다.

(2) 목표가 자주 바뀌는 것에 유념하라.

(3) 성공을 재정의 하라.

바. 코칭질문

(1) **기본 질문**

- 요즘 어려운 것은 어떤 것입니까?
- 어떤 상태가 되면 성공했다고 할 수 있을까요?
- 성공을 이루었을 때 유익한 점 3가지?

(2) **자녀에게 하는 중요 질문**

- 네가 요즘 가장 많이 신경 쓰는 일이 무엇이니?
- 네가 가장 시간을 많이 소모하는 일이 무엇이니?
- 네가 정말 이루고 싶은 일이 무엇이니?

- 그렇다면 정말 이루고 싶은 일을 이루기 위해 시간을 어떻게 사용해야 할까?
- 그것을 이루기 위해 앞으로 1년간의 계획은?

(3) 셀리더에게 하는 중요 질문

- 셀리더로서 힘드신 점은 무엇이죠?
- 힘든 것을 해결하기 위해 무엇을 하시고 계십니까?
- 그것보다 중요한 일이 있다면 무엇입니까?
- 그것을 이루었을 때 무슨 유익이 있나요?
- 그 중요한 일에 얼마나 시간을 사용하시나요?
- 다른 일 / 힘든 일과 비교한다면 얼마나 시간을 쓰시나요?

6. 과거를 통해 지금을 알게 하는 질문

가. 상황

유 집사는 아직도 해결되지 않는 부분이 있다. 그것은 너무 믿음 좋은 남편을 둔 것이다. 짝 믿음의 가정에서 핍박받으며 신앙 생활 하는 여성 신도들이 들으면 호사스런 소리라고 할지 모르지만 유 집 사 남편 박 집사는 젊은 시절 ○○○선교회 출신으로 진리에 대한 열망이 많은 분이다. 울산에서 좋은 직장에 있다가 신앙생활을 더 잘하기 위해 직장도 그만두고 서울에 올라와 지금의 교회 옆으로 이 사를 왔다.

울산에 있을 때는 편안하게 잘 살았는데 서울 강남으로 이사를 오 다보니 지하실 전세로 밖에 갈 수 없었다. 사업을 시작했는데 그것 도 시원치 않아 경제적으로 너무나 어렵게 되었다. 그래도 남편은 목 사님 말씀이 너무 좋고 제자 훈련하는 것이 좋고 셀리더로 너무 너무 열심이다. 아내인 유 집사는 믿음도 좋지만 가정을 돌보지 않는 남편 이 너무 야속하고 생활이 해결 안 되니 생활전선에 나서 음식점을 운 영하게 되었다. 남편은 이런 아내를 세속적이라고 가끔 비난한다. 10 여년의 세월이 지난 지금 남편의 사업이 성장하여 이제는 비교적 여 유가 있어졌다. 그러나 음식점을 운영하면서 아이들도 키우느라 고

생한 것을 생각하면 아직도 미움이 올라온다.

나. 무엇을 코칭하나?

크리스챤에게는 우연이란 존재하지 않는다. 사건을 당할 때는 그
것의 의미를 다 알 수 는 없지만 그 사건 뒤에 존재하는 진리가 있음
을 알게 된다. 요셉이 형들의 미움을 받아 이집트에 종으로 팔려갈
때, 모함을 받아 옥에 갇혔을 때는 그 이유를 알 수 없었지만 나중에
이집트의 총리대신이 되고 이스라엘 7년 기근이 들자 곡식을 사러 이
집트에 온 이복형들을 만나게 되고 결국 자신을 밝히게 되는 때 무엇
이라 고백하는가? "내게로 가까이 오소서 그들이 가까이 가니 이르되
나는 당신들의 아우 요셉이니 당신들이 애굽에 판 자라 당신들이 나
를 이곳에 팔았다고 해서 근심하지 마소서 한탄하지 마소서 하나님
이 생명을 구원하시려고 나를 당신들보다 먼저 보내셨나이다. 이 땅
에 이 년 동안 흉년이 들었으나 아직 오 년은 밭갈이도 못하고 추수
도 못 할지라 하나님이 큰 구원으로 당신들의 생명을 보존하고 당신
들의 후손을 세상에 두시려고 나를 당신들보다 먼저 보내셨나니 그
런즉 나를 이리로 보낸 이는 당신들이 아니요 하나님이시라 하나님
이 나를 바로에게 아버지로 삼으시고 그 온 집의 주로 삼으시며 애굽
온 땅의 통치자로 삼으셨나이다" (창 45:4–8)라고 고백한다. 그렇다. 모
든 사건 뒤에 특히 고통의 경험 뒤에는 하나님의 선하심과 온전하심

이 있는 것이다. 바로 이것 과거의 경험 특히, 고통경험 속에 숨겨진 하나님의 온전하심을 스스로 인식하도록 코치하는 것이다. 그래서 실패나 역경에 반응(react)하는 것이 아니라, 응답하게(respond)하는 것이다.

다. 목표

(1) 저항과 상대방을 비난하는 상태에서 현재를 수용하고 초월하게 한다.
(2) 오히려 유익함을 보게 하고 그 유익함을 적극적으로 활용하게 한다.
(3) 과거에서 자유하게 되고 하나님의 선하심과 인자하심 그리고 모든 상황에는 하나님의 온전하심이 있음을 알게 하고 믿음으로 살게 한다.

라. 코칭기술

(1) 고통경험
(2) 현실진리인식
(3) 완벽을 보게 한다.

마. 코칭질문

(1) 기본질문

- 최악의 고통경험은?
- 무엇이 그 고통을 이겨내게 하셨나요?
- 그 경험을 통해 가장 크게 배운 것이 있다면?
- 그것을 통해 내가 변화된 것은? 좋아진 것 / 나빠진 것
- 내 생각대로는 안됐지만 좋은 결과를 얻은 것은?

(2) 자녀에게 하는 과거 질문

- 이제까지 살면서 언제 가장 힘들었니?
- 그 힘든 일을 통해서 뼈저리게 후회한 것이 있니?
- 배운 것이 있다면 무엇이니?
- 그 일 때문에 네가 좋아진 것이 있니? 또는 더 나빠진 것이 있니?
- 그 일로 이런 점을 배웠구나? 그렇다면 모든 것이다 손해라고는 생각할 수 없는데 네 생각은 어떻니?

(3) 셀리더에게 하는 과거 질문

- 셀리더를 하면서 가장 힘들었던 일은?
- 그것을 통해 무엇을 배우셨습니까?
- 그 일로 인해 더 잘된 것이 있습니까? 아니면 더 나빠지기만 했나요?
- 앞으로 무엇을 하시겠습니까?

7. 현재를 통해 마지막을 보게 하기

가. 상황

이 부장은 성실하고 모범적인 일꾼이다. 그는 늘 믿음으로 살려고 노력하며 회사에서도 인정받아 젊은 나이에 부장이 되었다. 불의를 보면 참지 못하는 성격이라 때때로 어려운 일을 당하기도 한다. 주변에서 너무 그렇게 빡빡하게 살지 말라고 충고를 받기도 한다. 그리고 부하 직원들의 일하는 모습을 보면 답답하고 마음에 안 드는 구석이 한둘이 아니다.

그들의 부족함과 잘못이 너무나 많이 보여 좀 넘어가 주려고 하지만 그냥 넘어가자니 스스로가 용납이 안 되고 괴롭다. 나는 모든 사람에게 잘 대해주고 싶은데 그렇게 안 되는 현실이 안타깝다.

나. 무엇을 코칭하나?

사람들은 큰 진리를 알게 되면 평안을 얻게 된다. 그리고 나가야 할 방향이 명확해 진다. 상황에 집착하여 미래 즉 마지막을 바라보지 못하는 코치이를 그 결과와 미래를 바라다보게 하고 삶을 즐기도록 하는 것이다. 이 즐김은 쾌락적인 즐김을 말하는 것이 아니라 "진실"

그 결국을 즐기는 것이다. 우리 성도들은 그 결국 즉, 죽음 이후 부활하여 영원히 새 하늘과 새 땅에서 주와 함께 다스릴 것을 바라다보는 것이며 이것이 현실에서 능력으로 나타나고 즉 ,부활의 능력 예수 재림의 능력으로 나타나 살아가고 기쁘고 즐겁게 사랑하며 용서하며 포용하며 격려하며 살아가는 삶으로 변화되는 것이다.

다. 목표

(1) 옳고 그름, 즉 주관적인 현실을 인식시켜주는 것이 아니라, 객관적인 현실을 인식시켜주는 것이다.
(2) 융통성이 없고 나 중심의 사고방식에서 벗어나 유연성을 가지게 한다.
(3) 궁극적인 진리를 바라봄으로 마음의 평안을 얻는다.
(4) 화와 분노를 없앤다.

라. 코칭기술

(1) 다양한 관점을 보게 한다. 즉, 자신에 관한 진리, 사람에 관한 진리, 가족에 관한 진리, 문제에 관한 진리, 감정에 관한 진리 등을 보게 한다.

⑵ 완전히 지금에 대한 태도라면 진리는 끝에 대한 태도이다.

⑶ 실행계획을 요구하지 말고 코칭자체를 즐겨라. 이 코칭에서 코치 이를 편안하게 해주고 즐기려고 노력하지 말고 즐겨라. 코치가 자주 저지르는 실수는 즐기려고 노력하는 것이다.

마. 코칭질문

⑴ 기본질문
- 그 사건 뒤에 있는 진리는 무엇일까요?
- 그 때 어떻게 하셨습니까? 어떻게 느끼셨나요?
- 그 경험을 통해서 삶이 어떻게 달라지겠습니까?

⑵ 셀리더를 위한 질문
- 분하고 억울했던 일이나, 억울하게 했던 사람은 누구입니까?
- 분하게 했던 것 중 어떤 점이 풀리지 않나요?
- 사람들은 그 사람에 대해 뭐라고 하나요.
- 그 사람의 가족들은 그 사람에 대해 뭐라고 하나요?
- 나라면 그 사람 입장에서 어떻게 했을까요?
- 지금은 내가 분하지만 내가 다른 사람을 그렇게 대한 적은 없었나요?
- 다른 사람(다른 셀리더, 교구장, 목회자, 직원들)은 당신에 대해서 어떻게 느낄까요?

[7가지 질문]

기술	주제	셀리더 질문
끄집어내기	1. 열정을 불러 일으키기	− 당신이 담임목사라면 무엇을 하시겠습니까? − 왜 그렇습니까? − 또 다른 할일은?
	2. 자신을 인식 시키기	− 다른 사람들이 오해하는 당신은 누구입니까? − 그것이 오해라고 생각하는 이유는? − 오해를 변화시키려면 어떻게 해야 할까요?
향상시키기	3. 탁월도출	− 주님 앞에 갔을 때 무엇을 했다고 인정받고 싶 으십니까? − 그러기 위해서 당신이 개발해야 할 것은? − 장애물은?
	4. 성공	− 셀리더로 사역을 하면서 잘했다 생각되는 스 스로 대견한 일은 무엇이었습니까? − 새로운 생각은? − 어떻게 하면 될까요? − 무엇부터 하실래요?
	5. 우선순위	− 셀리더로서 힘드신 점은 무엇이죠? − 그것보다 중요한 일이 있다면 무엇입니까? − 그것을 이루었을 때 무슨 유익이 있나요?
행복하게하기	6. 과거를 통해 지금 알게하 기	− 셀리더를 하면서 가장 힘들었던 일은? − 그것을 통해 무엇을 배우셨습니까? − 그것을 통해 내가 변화된 것은?
	7. 현재를 통해 마지막을 보 게하기	− 분하고 억울했던 일이나 사람은 누구입니까? − 사람들은 그 사람에 대해 뭐라고 하나요.? − 다른 사람(다른 셀리더, 교구장, 목회자, 직원 들)은 당신에 대해서 어떻게 느낄까요?

제 **8** 장

후원환경 만들기

1. 후원환경이란?

　경청과 강력한 질문을 통해 코치이의 진정한 욕구와 필요를 인식하였으면 그것으로 코칭이 이루어진 것이 아니라 그것을 통해 알게 된 목표를 성취할 수 있도록 하여야 코칭이 되었다고 할 수 있다. 목표를 성취할 수 있도록 도와주는 것은 그것을 만들어 낼 수 있는 후원환경을 조성해 주는 것이 가장 좋은 방법이다. 현재의 우리는 모두 환경의 열매이고 내가 변하고 싶으면 나를 만들어 주는 환경을 변화시켜야 한다. 잘 조성된 환경은 능률을 최소한 2배에서 10배까지 늘려준다.

　환경이란 주변에 있는 모든 것이 다 해당된다. 잘 짜여진 환경은 실수를 줄이고 안전함을 제공해 준다.

　이러한 환경을 만들어 가는 과정을 G.R.O.W라고 부른다.
- Goal : 목표정하기
- Reality : 현실과 장애물 파악하기
- Option : 대안 수립하기
- Will : 행동계획 세우기

[그림3]

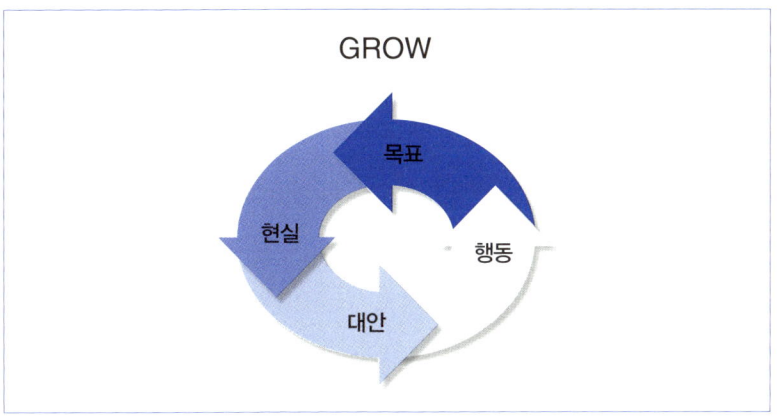

2. Goal : 목표

S.M.A.R.T.하게 목표 세우기

목표는 구체적이면서 실행가능하여야 하고 정해진 시간에 완수하여 측정가능하여야 한다.

- Specific : 구체적
- Measurable : 측정할 수 있고
- Attainable : 달성가능한
- Relevant : 주제와 연관이 있는
- Time-specific : 시간이 정해져 있는

▶ 유용한 질문

- 당신은 우리가 관계를 훈련할 때에 어떤 목표에 계속 노력하고 싶은가?
- 그것을 성취하기 위해 좀 더 구체적으로 말해 달라.
- 그것이 성취되었는지 어떻게 아는가? 무엇이 이 목표를 더 측정할 수 있게 할 것이냐?
- 가능한 목표인가요? 현실적인 목표인가요?
- 이 목표는 당신에 있어서 중요합니까?
- 언제 이 목표가 이루어진다고 보십니까?

3. Reality : 현실과 장애물 파악하기

도달해야할 목표를 결정한 후에는 코치이의 현재 상황을 정확히 알아 볼 필요가 있다. 여러 환경과 조건, 나가지 못하도록 발목잡고 있는 장애물은 무엇인지 또 목표와 현실간의 차이는 무엇인지를 확인한다.

▶ 코치질문

- 언제 당신은 이 문제와 씨름합니까?
- 지난주에 몇 시간이나 일을 하셨습니까? 그 전 주에는?
- 당신은 무엇에 가장 비중을 두나요?
- 당신에게 이 결정을 하게 했던 요인들에 대해 말해 주세요.
- 당신은 지금까지 그 목표를 위해 무슨 일을 해보았습니까?
- 그 결과는 무엇이었나요?
- 그렇게 하지 못하게 하는 장애물은 무엇입니까?

4. Options : 대안수립하기

코치이가 상황을 정확히 인식하고 장애물들을 파악하였다면 이제 어떤 방법으로 목표를 달성할 수 있을지를 서로 나눈다. 이 때 브레인 스토밍을 통해 가능한 모든 자원들을 조사하고 코치이가 선택할 수 있는 아이디어를 제공하라.

▶ **대안을 위한 다양한 자원들**
- 나의 다양한 은사들과 강점은 무엇인가?
- 소중히 해야 하는 관계는? 비전을 위한 12명의 팀이 필요하다. 할 일을 마케팅 한다.
- 육체적인 자원, 건강 등
- 재정적인 상태는?
- 그 일에 대한 얼마나 열정이 있는가?
- 새로운 일을 하게 하는 네트웍은?

▶ **유용한 질문**
- 만일 당신에게 돈과 충분한 시간이 있다면 어떻게 하겠는가?
- 이것을 달성할 수 있는 방법 5가지를 말하라.
- '만일 당신이 이 일은 결코 실패할 수 없다.'라는 것을 알면 무엇을 할 것인가?

- 나를 도와줄 사람들이 누구입니까?
- 당신이 바꿀 수 있는 것은 무엇입니까?
- 당신의 이 목표를 해결하도록 도와줄 사람은 누구인가?
- 이 일을 이루기 위해 어떤 자원들이 필요한가?
- 무엇이 그밖에 가능한가?

5. Will : 행동단계

대안이 마련되었으면 이제 구체적인 행동으로 옮겨야 한다. 행동으로 옮길 수 있는 행동계획을 수립하고 지속적인 TEA 즉, 상호책임을 실시한다.

▶ 유용한 질문

- 당신은 어느 옵션을 사용할 것인가?
- 당신은 이 목표로 나아가기 위해 어떤 행동단계를 세울 것인가?
- 언제 달성할 것인가?
- 이 행동단계는 최초의 목표에 도달하게 할 것으로 생각하는가?
- 1~10까지로 볼 때 내 행동계획은 얼마나 현실적인가?
- 무엇이 "10"을 만들 것 같은가?
- 어떤 장애물이 있는가?
- 누가 당신을 책임져줄 것인가? 누가 함께 기뻐해 줄 것인가?
- 어떻게 달성한 것을 측정할 수 있는가?
- 코치의 도움이 필요한 것은 무엇인가?

제 **9** 장

코치의 자세

1. 인간존중

가. 셀원 존중하기

사람들은 누구나 내적 외적으로 한계를 가지고 있다. 그리고 코칭은 코치이의 잠재력과 기회를 극대화하려 한다. 코치는 때때로 성과가 나지 않을 때 코치이를 몰아 부치게 되고 성과를 위해서 매진하다 보니 자신도 모르는 사이에 코치이를 존중하지 않고 있음을 발견한다. 셀원의 인격을 존중하라. 셀원의 말을 존중하라.

나. 셀원을 존중하는 방법

우리는 전문가라고 스스로 생각하기에 고객을 무시하고 다 내 말을 들으라고 열변을 토하는 경우가 많이 있다. 그리고 고객이 잘못 알아듣는 것 같으면 이해시키려고 애쓰다가 고객을 몰아붙이기도 한다. 그러나 사람은 모두 다르게 창조되었음을 알아야 한다. 셀원의 한계를 존중하라 고객의 성격이나 DNA, 고객의 타이밍이나 감각을 존중하라. 고객의 개인적 능력을 존중하라.

⑴ 셀원의 문화를 존중하라.

• 고객의 문화와 취향 선호하는 것, 스타일을 이해하라.

• 그들의 취미와 소중히 여기는 것, 싫어하는 것, 일하는 스타일을 존중하라.

⑵ 셀원의 패러다임을 존중하라.

고객이 믿는 것, 사고방식을 존중하라. 그들은 무엇을 믿고 있으며 그들에게 진실이란 무엇인지를 알고 존중한다.

⑶ 경청하라. 경청은 가장 좋은 셀원 존중이다.

코치이가 성공자로 챔피언으로 느끼도록 코치하라. 우리 모두는 격려가 많이 필요하다. 진정으로 그들이 이미 성공한 일에 좋은 태도에 그들이 이룬 작은 일에라도 진심으로 축하하고 격려하라. 코치이의 발전에 흥분하고 의지를 북돋우라. 코치이의 자존감을 높이고 믿음을 확고히 하라. 주님이 함께 하신다. 우리는 누구보다 예수 그리스도의 피 값으로 산 귀한 존재이다.

2. 코칭을 즐기기

가. 코칭을 즐긴다는 것

코칭을 즐기는 것이 왜 중요한가. 코치는 코치의 일방적인 가르침이 아니라 상호협력적인 관계의 기술이다. 코칭이 너무 피곤하거나 힘들거나 빠른 성과만을 원하면 적절한 코칭이 되지 않는다. 코칭을 하면 서로가 힘이 나고 더 좋은 영감을 받는다면 좋은 코치이다.

나. 코치이를 즐기는 방법

코칭에 필요한 충분한 에너지를 확보하라. 에너지가 없으면 경청과 호기심이 둘 다 일어나지 않는다.

(1) 꼭 성과를 내야겠다는 마음을 버려라
(2) 아버지의 마음 즉, 하나님 아버지의 마음을 가져라.
(3) 셀원의 잘못까지도 즐겨라.
(4) 인간적으로 친밀한 관계가 되라.
(5) 셀원의 반응으로부터 자유로워라. 셀원의 반응에 react하지 말고 respond하라.

⑹ 모든 것을 책임질 수 있다고 생각하지마라. 모두가 다 코칭이 되는 것은 아니다. 코칭이 안되는 사람도 있고 상황이 있다.

⑺ 코치이의 삶과 상황에 호기심을 가져라. 건강한 호기심이 필요하다.

⑻ 질문을 하고 심문을 하지 말아라. 심문이 계속되면 고문이 된다. 코치이가 편안함과 자발성을 느끼지 못하면 코칭은 안된다.

다. 즐기지 못하는 이유

코칭기술이 익숙치 않으면 즐길 수 없다. 연습하고 연습하고 연습하라. 경청하고 경청하고 질문하라. 단번에 시원하게 해결하겠다고 일 중심으로 사고하면 즐길 수 없다. 감명을 주어야 한다는 생각이 즐기지 못하게 한다. 나 자신이 좋은 코치임을 증명하려 하지 말아라. 나 자신을 내려놓을 때 좋은 코치가 된다.

라. 시간에 쫓기면 즐기지 못한다.

나의 의도대로 끌고 나가자 할 때 즐기기 어렵다. 경청할 에너지가 없을 때 코칭을 하지 마라. 절대로 즐길 수 없고 아무런 도움도 주지 못한다. 주변 환경이 시끄럽고 복잡하거나 계속 방해받을 때 즉, 전화벨이 계속 울리거나 아기가 울거나 다른 사람들의 방해를 받을 때 즐길 수 없다. 이런 장애물을 사전에 제거하라.

마. 에너지를 곡선을 따라 코칭하기

코치인 나 자신의 에너지 곡선은 어떤가 살펴보라. 나는 새벽형 인간인가? 아침형 인간인가? 오후형 인간인가? 올빼미형 인간인가? 사람들은 자기가 가장 집중할 수 있고 능률을 낼 수 있는 시간대가 다름을 알 수 있다. 예술가 타입 특히, 음악가들은 올빼미형이 대부분이다. 아침부터 노래를 하거나 악기를 연주하지는 않는다. 그러나 전통적인 목회자나 기업가들은 새벽형이거나 아침형 인간들이다. 나는 어떤 형의 인간이지를 살펴보고 코치인 내가 최고의 에너지를 나타낼 때 코칭하는 것이 좋다. 코치이가 어떤 형의 사람들인지 파악한다. 그들이 말할 에너지가 없다면 코치는 힘들게 된다. 그들이 에너지 사이클을 유념하라. 어떤 종류의 사람인지 먼저 파악하라.

바. 에너지 고갈 막고 충전하기

까다로운 코치이를 만났을 때나 어려운 문제를 다룰 때 우리는 에너지를 빼앗기게 된다. 에너지를 빼앗는 요인들을 확인하여 가능한

대로 요인을 제거한다. 에너지를 빼앗는 요인들은 외부적, 내부적, 대인관계의 요인들이 있는데

(1) **대인관계** : 거만하거나 무시하는 태도와 말을 듣는 것, 스타일이나 외모, 강압적인 말투, 시간을 아껴주지 않는 것 등
(2) **외부적 요인** : 다툼, 소란스러움, 압박받음 등
(3) **내부요인** : 배고픔, 목마름, 질병, 피로, 걱정, 초조, 불안 등 이러한 요소들이 있는지를 체크해 보고 계획을 세워 제거해 나간다.

코치하기 전에 미리 얼마만큼 시간을 사용할 수 있는지를 미리 고지한다. 에너지 소모를 미리 조절하라. 레크레이션을 하라. 다양한 스포츠 활동, 음악 감상, 독서, 공연 관람을 하라.

3. 진심으로 대화하기

진심으로 대화한다는 것 코칭은 분명한 의사소통이 되어야 코치가 된다. 분명하지 않은 의사소통은 오해를 낳게 되고 코치이에게 별반 도움을 못주고 끝나버릴 수 있다. 그러므로 코치는 대화를 하기 위한 어떤 방해되는 것도 다 제거하여야 코칭을 성공적으로 이끌 수 있다. 어떤 셀리더는 너무 냉정하게 말하는 것이 진심으로 대화하는 것을 막을 수 있고 열정이 없는 모습으로 대화하는 것이 방해가 될 수 있다. 말을 과장하거나 지나친 칭찬 역시 진심을 모르게 할 수 있고 우리가 가진 외모상의 문제들이 코치이로 하여금 선입견을 가지게 하기도 한다. 이러한 방해요소를 제거한다. 다시 말해서, 대화 중에 장애가 생겼을 때 그것에 직면하기를 포기하고 그냥 덮어두고 가는 것이 아니라, 그 장애를 깨끗이 청소하고 대화를 하는 것이다.

▶ 방법

(1) 대화의 어조를 분명히 한다.

냉정하거나 맥 빠진 듯이 말하지 않는다. 과장하거나 근거 없이 칭찬하지 않는다.

⑵ 말투가 편안하고 위협적이지 않아야 한다.

압박받는 느낌이 들면 진실한 대화가 오갈 수 없다.

⑶ 몸 대화를 충실하게 사용한다.

아, 예, *끄덕끄덕*, 목소리 톤의 조정, 시선 맞춤, 자세 맞춤을 한다.

제 10 장

셀리더 코칭하기

1. 셀리더 코칭하기

이제 코칭의 전 과정 즉, 자세와 기술들을 모두 살려 보았다.

스마트 목표, 상호책임, 경청, 강력한 질문 등의 기술을 습득하였다면 "구슬이 서말이라도 꿰어야 보배다"라는 우리나라 속담이 있듯이 이제 본격적으로 우리의 셀 현장에서 적용하는 것이 필요하다.

셀리더를 코칭하는 전 과정은 다음과 같은데

- 강력한 질문을 한다.
- 목표를 설정한다.
- 장애물을 확인한다.
- 대안을 발견한다.
- 행동계획을 세운다.
- 상호책임을 진다.
- 결과를 평가하고 다시 목표를 세운다.

▶ 원리에 따른 셀리더 코칭 사례

[원리 1] 강력한 질문을 한다.

- 코치 : "셀리더를 하시면서 가장 힘든 일은 무엇입니까?"
- 셀리더 : "셀 모임을 자주 쉬게 되는 것입니다."
- 코치 : "셀모임을 자주 쉬게 되는 것은 무엇 때문이라 생각하십니까?"
- 셀리더 : "내가 맡은 셀은 셀원이 두명밖에 없어요. 그런데 집안 행사있다고, 자녀가 아프다고, 개인적인 사정으로 등등 한두명이 빠져 버리면 셀모임 자체가 안돼는거지요. 그러때 마다 힘이 쭉 빠져요."

셀리더들과의 만남에서 다음과 같은 필요가 발견됐다.

전체 200개 셀 중 셀원이 3명 이하인 50개로 25%를 차지한다. 만일 사정상 셀원 1~2명이 불참할 경우 셀모임 자체가 형성되지 않는다. 따라서 셀모임을 자주 쉬게 된다. 셀모임을 자주 쉬게 되니 셀이 활성화되지 못하고 셀리더 마저 힘을 잃게 된다.

[원리 2] 목표를 설정한다.

그래서, 우리는 목표를 정했다. 3명 이하셀 돌파하기

장기적으로는 3명 이하 셀들이 5명 이상 모이는 셀로 만드는 것이고 단기적으로는 셀모임 계속되게 하는 것이다.

[원리 3] 장애물을 확인한다.

개인적인 문제를 더 우선하는 마인드가 걸림돌이다. 셀 공동체와 그 모임의 중요성을 인식하고 따르게 하는 것이 필요하다. 그래도 결석하는 경우의 대안이 필요하다.

[원리 4] 대안을 발견한다.

우리는 브레인스토밍을 통해 다음과 같은 대안을 모았다.

- 교구목사님이 참석한다.
- 교구장이 참석한다.
- 교구전도사님이 참석한다.
- 전도한다.
- 자발적인 새 가족을 하위 20% 셀에 우선적으로 배치한다.
- 셀이 연합하여 드린다.

[원리 5] 행동계획을 세운다.

대안이 결정되었으면 구체적인 행동계획을 세운다.

- 하위 20%에 대한 향후 2달간 교구장 셀순방 스케줄을 만든다.

- 교구목사. 전도사의 셀모임 순방 스케줄을 만든다.
- 이들에 대해 셀 참석 보고서를 받는다.
- 새 가족 담당 교역자와 세 가족팀의 협조를 얻어 새 가족 셀 배치상황을 점검하고 아직 배치되지 않은 새 가족을 우선적으로 배치하여 결과를 보고한다.
- 전도소그룹을 실시하여 새로운 셀가족이 얻어지도록 8주간 전도소그룹을 진행한다.

[원리 6] 상호책임을 진다.

코치와 셀리더는 다음과 같은 상호책임을 지기로 약속했다.

- 일주일에 한번 이상 전화를 걸어 말로 격려하라.
- 일주일에 한번 이상 이메일을 통해 안부와 구체적인 질문을 한다. "셀리더님 지난주에는 어느 분이 셀을 순방하셨나요? 지난주 셀모임을 스스로 평가 한다면 10점 만점에 몇 점을 주시겠습니까? 그 이유는?"
- 문자메시지를 보낸다.
- 3주에 한번 같이 식사한다. 격려하고 코칭한다.
- 목표를 달성했을 때 축하하라.
- 그들을 위해 기도하라.
- 순방 스케줄을 확인한다.
- 셀 참석보고서를 확인하고 모임에 대한 코치를 한다.

- 새 가족 배치를 확인한다.
- 가서 모임을 인도하든지 참관한다.

[원리 7] 결과를 평가하고 다시 목표를 세운다.
이후 두 달간 행동계획을 실행하고 그 결과를 평가했다.
평가는 AAR에 의해 실시했다.

2. 사후 평가도구 AAR

AAR(After Action Review)은 미군이 작전 수행 후 작전을 평가하기 위해 사용했던 사후 평가 및 피드백 도구인데 이것은 코칭기법에 의한 사후평가도구라 할 수 있다.

AAR의 목적은 특정 사역이나 프로젝트가 끝난 후 수행되는 평가로서 해당 사역이나 프로젝트 수행 중 무슨 일이 일어났으며, 왜 일어나게 됐는지를 확인함으로써 담당자들이 전반적인 과정을 제대로 이해하고 차후 업무수행에 도움이 되도록 하는데 있다. 코칭에 있어서 사후 평가와 피드백은 계속적인 변화와 향상을 위해 필수적이다.

가. AAR의 5가지 질문
- 얻고자 한 것은 무엇인가?
- 얻은 것은 무엇인가?
- 차이는 무엇인가?
- 차이의 원인은 무엇인가?
- 그렇다면 내가 해야 할 일과 하지 말아야 할 일은 무엇인가?

우리는 AAR에 의해 결과를 평가했다.

⑴ 얻고자 한 것은 무엇인가?
- 3명 이하 셀 돌파하기

(2) 얻은 것은 무엇인가?

- 지난 두달간 200개 셀을 통해 253명이 전도되었고 3명이하 셀 50개 중 두달간 40개가 셀모임을 정상적으로 드리게 되었다.

(3) 차이는 무엇인가?

- 아직 10개 셀이 모임을 하지 못하고 있다.

(4) 차이의 원인은 무엇인가?

- 이 10개 셀의 셀리더는 하려고 하는 의지가 없다. 거리상 모임이 불가능한 셀이 있다. 새 가족을 배치해 주는데 한계가 있다. 셀의 수는 50개인데 두 달간 자진 등록한 새 가족수가 37명으로 한명씩도 돌아가지 않으며 셀모임을 원하는 자진등록자는 20명에 불과하다. 또한, 이들을 배치하였지만 셀모임에 정착한 숫자는 5명이다.

(5) 그렇다면 내가 해야 할 일과 하지 말아야 할 일은 무엇인가?

해야 할 일	하지 말아야 할 일
1. 교구목사, 교구장 순방을 계속해서 실시한다. 2. 후반기에 전도소그룹을 실시한다. 3. 10개 셀은 2-3개씩 하나로 통폐합한다.	자발적인 새 가족을 소수그룹에 배치하지 않는다.

나. 피드백

우리는 AAR 결과를 통해 얻은 반성과 교훈 을 다음 번 같은 일을 하기 전에 반드시 적용해 본다. 또한, 적용한 것을 실행한 후에 또 AAR을 하고 거기서 얻은 것을 그 다음 번 일할 때 다시 적용 한다.

다. 행동계획(Action Plan)

- 얻으려고 하는 것은 무엇인가?
- 성공여부를 어떻게 측정할 수 있나?
- 가장 효과적인 방법은 무엇인가?
- 누가 / 언제까지 / 어떻게 할 것인가?

우리는 이에 따라 행동계획을 세웠는데
(1) 얻으려고 하는 것은 무엇인가?
- 셀모임률(셀이 모임을 매주 실시하는 빈도수) 90%, 셀원 참석률 80%

(2) 성공여부를 어떻게 측정할 수 있나?
- 매주 셀보고서와 교구장 보고서를 집계하여 모임률과 참석률 통계보고

(3) 가장 효과적인 방법은 무엇인가?

- 교구목사, 교구장 순방을 계속해서 실시한다.
- 후반기에 전도소그룹을 실시한다.
- 10개 셀은 2-3개씩 하나로 통폐합한다.

(4) 누가 / 언제까지 / 어떻게 할 것인가?

- 교구목사, 교구장 순방을 계속해서 실시한다. - 향후 3개월 간 순방계획 작성
- 후반기에 전도소그룹을 실시한다. - 후반기 전도소그룹 일정 수립
- 10개 셀은 2-3개씩 하나로 통폐합한다. - 1달내 통폐합 후 모임 실시

라. 적용

- 일을 실행하기 전에 반드시 Action Planning을 한다.
- 실행한 후에는 반드시 AAR을 하여 교훈을 얻는다.
- AAR을 통해 발견된 교훈을 다음 번 Action Planning을 세울 때 반드시 피드백 한다.

부록

+ 코칭기술 워크북
+ 셀리더 피드백 질문지
+ 코칭 평가
+ 참고문헌
+ 교회코칭센터

▶ **1 단계**

1. 1년 뒤 나의 셀의 모습은?

2. 1년 뒤 내가 원하는 바람직한 셀의 모습은?

3. 그런 바람직한 셀이 되기 위해 변화되어야 할 것 3가지는?

▶ 2 단계

1, 관계자본을 세우는 요소와 없애는 요소를 적어보라.

세우기	없애기
온유함	모질게 함

2. 나의 관계자본 지수는?

(−10 −−−−−− 0 −−−−−− 10)

대 상	지 수	관계자본을 늘리려면
배우자		
자녀 1		
자녀 2		
자녀 3		
목회자		
다른 교구장		
나의 구역장		
나의 구역원		
친구		
회사동료		

▶ 3 단계 : A. B. C. D (1–10)

1. 실행계획(Action Plan)

2. 믿음(Belive)

3. 관계자본(Capital of Relationship)

4. 소망(Desire)

▶ 4 단계 : 신뢰성 단계

대상	현재단계	원하는 단계	행동계획
남편 (아내)			
자녀 1			
자녀 2			
자녀 3			
담임 목사			
전도사			
셀리더			
셀원 1			
셀원 2			
셀원 3			
셀원 4			
셀원 5			
친구 1			
친구 2			
회사동료 1			
회사동료 2			
회사동료 3			

셀리더 피드백 질문지

▶ 목적

셀리더로서 나의 셀원들에게 정직한 피드백을 받아 더 성장하기 위함이다.

▶ 방법

셀모임 시 이 부분을 복사한 것을 셀원들에게 제공하고 아래 질문에 답하게 하여 정직한 피드백을 받는다. 무기명으로 받고 철하여 담당교구장 목사에게 제출한다.

▶ 질문

1. 그동안 셀리더와 만남에서 일어난 가장 의미 있고 변화된 것은 무엇이었습니까? 왜 그렇습니까?

2. 셀모임을 통해 깨달은 것과 성장한 점이 있다면 무엇이었습니까?

3. 셀모임을 포함하여 셀리더와의 만남을 어떻게 하면 효과적이라고 생각하십니까? 효과적인 만남을 위해 무엇이 더 필요하다고 보십니까? 또 무엇이 필요치 않다고 보십니까? 그 이유는?

4. 아래 각 문장에 대해 느끼는 대로 표시해 주세요.

(1 : 전혀 아니다. 2 : 조금은 그렇다. 3 : 보통이다. 4 : 비교적 그렇다. 5 : 확실히 그렇다.)

- **1 2 3 4 5** 나는 셀리더를 정말로 신뢰할 수 있다고 생각한다.
- **1 2 3 4 5** 셀리더는 나를 세워주는 좋은 코치다.
- **1 2 3 4 5** 셀리더는 나의 형편과 필요를 알고 있다.
- **1 2 3 4 5** 셀리더는 내가 힘들어할 때 나를 격려하고 도와준다.
- **1 2 3 4 5** 셀리더는 나를 도와줄 방법을 알고 있다.
- **1 2 3 4 5** 셀리더는 나를 상호책임진다.
- **1 2 3 4 5** 교구장은 말씀을 전달하고 복음의 핵심과 말씀을 잘 알고 있다.
- **1 2 3 4 5** 그의 신앙생활(기도, 헌금, 봉사, 예배 등)은 나에게 본이 된다.
- **1 2 3 4 5** 셀리더는 나를 위해 평소에 기도한다고 생각한다.

▶ **목적**

멘토 받는 이로부터 예비코치의 성장을 돕기 위한 건설적인 피드백과 용기를 제공하는 것

▶ **방법**

당신의 피드백은 코치의 귀중한 부분–훈련 과정이다. 약 20분정도 시간을 내어 아래 질문에 정직하게 답하라. 당신이 격려와 긍정적인 피드백과 개선할 점을 균형있게 제안한다면 가장 도움이 될 것이다. 처음 3 문항에는 각각 최소한 몇 문장이 되게 쓰기를 권한다.

▶ **평가 질문들**

1. 당신의 코칭 관계에서 일어난 가장 의미 있고 변화를 가져온 것 일은 무엇이었는가? 왜 그런가?
2. 당신이 참여한 토론과 연습문제들이 적절하고 당신의 성장을 돕는 것이었나? 어떻게 그러했는가? (한두 가지 예를 들어도 된다)
3. 이 코칭 관계를 더욱 효과적으로 만들 수 있는 것이 있다면 무엇이겠는가?

   아래 각 문장에 대해 당신의 코칭 관계에 대한 정직한 인상을 해당번호에 표시하라:

(1 : '전혀 아니다', 3 : '약간 그렇다', 5 : '확실히 그렇다')

- **1 3 5** 나는 나의 코치를 정말로 신뢰할 수 있다고 느낀다.
- **1 3 5** 나는 코치에게 어떤 문제든 개방할 수 있고 나눌 수 있다.
- **1 3 5** 내가 필요로 할 때, 도움이 되고 적절한 방식으로 나의 주의가 환기되고 행동의 도전을 받는다.
- **1 3 5** 이 관계는 나의 삶에서 성장과 변화를 가속화시켰다.
- **1 3 5** 나는 코칭 받은 대로 다른 사람들을 코칭 할 수 있다.
- **1 3 5** 이 관계는 내가 하나님과 다른 이들에게 나아가 도움을 청할 수 있는 능력을 넓혀주었다.
- **1 3 5** 잔소리를 듣거나 포기당하거나 패배당한 느낌 대신 지속적으로 확인받고, 도전받고, 용기를 얻고, 확장되는 느낌을 받는다.
- **1 3 5** 자료들과 방법들이 내가 누구인지를 존중해준다. – 나는 내가 어떤 틀에 갇히거나 복제되고 있다는 느낌을 받지 않는다.
- **1 3 5** 코치는 피드백에 열려있다. 코치가 어떤 잘못된 일을 하거나 말할 때, 그는 사과하고 적절하게 그것을 다룬다.

[코칭과정 평가서]

항목	탁월함 3	좋음 2	보통 1	부적합 0
1. 셀교회에 대한 이해				
2. 코칭의 A. B. C. D에 대한 이해				
3. 신뢰성 있는 관계에 대한 이해와 경험을 하였는가?				
4. 상호책임에 대한 이해와 경험이 있는가?				
5. SMART목표를 설정하고 TEA를 통하여 변화를 도우는 것을 배웠는가?				
6. 효과적인 듣기 기술을 배웠는가?				
7. 강력한 질문하기를 이해하였는가?				
8. 강력한 질문기술을 몸으로 습득하였는가?				
9. 후원환경을 만드는 방법을 배웠는가?				
10. 코칭의 자세를 습득하였는가?				
총점 Total Points				

[참고문헌]

• 게리 콜린스, 크리스천 코칭. 정동섭 역. 서울 : IVP, 2004.
• 조엘 코마스키, 셀그룹 폭발을 위한 코칭. 편집부 옮김. 서울 : NCD, 2004.
• 이희경, 코칭입문. 서울 : 교보문고, 2005.
• 존 맥스웰, 리더십 21가지 법칙. 홍성화 역. 서울 : 청우, 2005.
• 스티브 오거너 & 토마스 네블, 리더를 세우는 코칭. 전지현 역. 서울 : 국제제
  자훈련원, 2004.
• 엘리자베스 하버라이트너 외, 코칭 리더십. 이영희 역. 서울 : 국일증권 경제
  연구소, 2002.
• 정진우, 21세기 리더십은 코칭이다. 서울 : NCD, 2004.
• 요셉 유미디 & 랜스 월나우, 변화와 성장의 에너지, 코칭. 편집부 옮김 서울 :
  NCD, 2004.
• 로버트 클린턴, 영적 지도자 만들기. 이순정 역. 서울 : 베다니, 1993.
• 래리 바커 & 키티 왓슨, 마음을 사로잡는 경청의 힘. 윤정숙 역. 서울 : 이아
  소, 2006.
• 레스 브릭만. 셀교회와 자연적 교회성장. 편집부 옮김 서울 : NCD, 2004.
• 류영모, G-12 셀리더십. 서울 : 서로사랑, 2004.
• 짐 콜린스, 좋은 기업을 넘어 위대한 기업으로. 이무열 옮김. 서울 : 김영사,
  2002.
• 스티븐 코비, 성공하는 사람들의 7가지 습관. 박재호 외 역. 서울 : 김영사,
  1997.
• 로리 베스 존스, 최고경영자 예수. 송경근, 김홍섭 역. 서울 : 한언, 1999.
• 최고 팀빌더 예수. 송경근 역. 서울 : 한언, 1999.
• 김학중, 코칭리더십으로 교회 살리기. NCD, 2007.
• 밥빌, 김성욱 역, 멘토링. 서울 : 디모데, 2004

A. 세미나

1. 구역장(셀리더, 속장) 수련회: UFOI 세미나

▶ **특징**

단순하지만 강력합니다.

기존교회: 기존의 구역이나 속회등 소그룹을 전인적 소그룹으로 전환하는 강력한 과정으로 구역장 또는 구역강사를 셀리더로 변화시킵니다.

셀교회: 그동안 복잡한 시스템을 적용하다가 실패하거나 지친 교회들에게 단시간에 쉽게 적용할 수 있는 시스템입니다.

교회에서 구역장(속장, 셀리더)셀리더 수련회를 하기에 가장 적합한 세미나로 셀리더들이 셀 라이프를 살도록 하는 실제적이고 효과적인 프로그램입니다. 교회의 비전과 셀리더의 비전을 새롭게 할 뿐만 아니라 위로, 안으로, 밖으로, 앞으로 나아가게 하는 강력한 도구 입니다. 한번 이벤트로 끝나는 세미나가 아니라 셀리더가 셀에 대한 후반기 계획을 세우며 실행하고 새로운 셀보고서를 사용하도록 훈련합니다.

▶ **내용**

제1강 셀그룹의 비전과 테스트

좋은 셀의 관건은 좋은 셀리더에게 있다. 좋은 셀리더들의 요건은 무엇이고 어떤 특성을 가지고 있는가? 어떤 차이가 셀의 건강과 성장을 가지고 오는가? 이를 규명하고 테스트를 통해 스스로를 점검한다.

제2강 위로(Upward) / 안으로(Inward)

셀의 가장 중요한 요소는 어떻게 하나님의 권능에 접속할 것인가 하는 것이다. 하나님의 권능에 접속하기 위한 구체적인 아이디어와 실행계획을 세우게 한다.

셀은 하나님의 가족 공동체이다. 이 공동체성을 회복하고 향상시키기 위한 아이디어와 실행계획까지 세워 본다.

제3강 밖으로(Outward) / 앞으로(Forwar) + 새 보고서 작성 노하우
오이코스 전도를 정립하고 전도에 대한 구체적인 실행계획을 세운다.
어떻게 셀그룹을 번식시켜 나갈 것인가? 셀리더의 번식을 위한 구체적인 단계들을 알아보고 셀리더 번식을 위한 양육과 리더십 훈련계획을 실행한다.

2. 구역장(셀리더, 속장) 코칭 세미나

▶ 특징
구역장수련회 후속 프로그램으로 지역장/구역장이 코치로 변화되도록 자세와 기술을 습득합니다.

▶ 개요
게리 콜린스의 정의에 따르면 "코칭은 한 개인이나 그룹을 현재있는 지점에서 그들이 바라는 유능하고 만족스러운 지점까지 나아가도록 하는 기술이자 행위"입니다. 따라서 〈셀리더 코칭〉은 셀리더들이 바라는 유능하고 만족스러운 지점까지 나아가도록 하는 기술이자 행위를 배우는 것입니다.
셀리더는 위로는 하나님의 임재를 늘 경험하며 안으로 하나님의 가족으로 셀 공동체를 이루며 밖으로 잃어버린 영혼들을 향해 나아가 그 영혼을 인도하여 구원하며 새로운 리더와 셀을 생산하는 것이 유능하고 만족스러운 지점이므로. 셀리더 코칭은 이를 가능하게 해줍니다.
또한, 셀이 능력있게 작동하기 위해서는 5시스템 즉, 공동체, 양육, 상호책임, 리더십, 전도가 이루어져야 하는데 상호책임과 리더십을 세우는 대안이 코칭입니다.

▶ 내용

제1강 코칭의 ABCD

코칭은 안되는 것을 되게 하는 것으로 A-행동계획, B-믿음, C-관계자본, D-소원을 품게하여 구역의 목표를 이루어 가게 한다.

제2강 스마트 목표

구역장이 구체적이고 측정가능하고 동의되고 실현가능하고 시간이 정해져 있는 목표를 설정하고 나아가게 한다.

제3강 상호책임

신뢰성의 단계와 그 단계를 성숙시키는 과정을 살펴보고 상호책임의 정의와 상호책임의 대상과 방법 그리고 문제점을 살피며 무엇을 상호책임져야 하는지를 알게 한다.

제4강 셀원 코칭하기

목회자가 교구장 코칭하기
교구장이 셀리더 코칭하기
셀리더가 셀원을 코칭하기의 구체적인 사례와 방법을 훈련한다.

3. 대그룹사역(은사중심사역/기능적 조직) 세미나

▶ 특징

한국 NCD 은사중심사역/기능적 조직세미나는 NCD의 8가지 질적 특성 중 '은사중심사역'과 '기능적 조직' 두 특성을 건강하게 세우는 탁월한 도구와 실행의 과정 노하우를 10년간의 임상 결과를 통해 검증된 것만 전달합니다.

▶ 교회가 얻는 유익

• 각 교회의 NCD 은사중심사역/기능적 조직 설문 점수 최소 70점 이상으로 올

려 교회를 건강하게 합니다.
- 교회 평신도 사역자를 2년 내에 3배 이상 증가시킵니다.
- 평신도가 사역자가 되어 적극성을 띠고 교회와 사역을 하게 돕습니다.
- 성도들의 성격유형, 은사, 능력, 열정, 경험을 발견하게 하여 교회사역에 적재 적소에 배치하게 됩니다.
- 교회 사역을 전문화, 체계화됩니다.
- 교회 조직을 기능적인 조직으로 변화시킵니다.
- 교회의 은사적 약점과 강점이 발견되고 강점은 살리고 약점은 보완되어 건강한 교회로 만듭니다.

▶ **내용**

제1강 NCD 원리와 은사중심사역

제2강 토양작업/조직갱신과 사역팀 구성

제3강 사역기술서/사역가이드 제작

제4강 사역개발

4. 전도 소그룹 세미나

▶ **특징**

단 8주간에 구역이 전도하는 구역으로 변화시킵니다. 8주간 프로그램 제공합니다.

▶ **내용**

제1강 목회자와 시간사용

성장하는 교회와 그렇지 않은 교회의 중요한 차이점 가운데 하나는 목회자의 시간사용의 차이이다. 80%의 사간사용은 같지만 20% 차이가 나는데 그 20%는 불신자를 위한 기도, 개인전도, 전도를 위한 성도들을 훈련시키기이다.

제2강 진단도구

일을 올바로 하는 것 보다 중요한 것은 올바른 일을 하는 것이다. 교회의 현재 시스템을 점검해 보며 대그룹과 소그룹에서 어떤 요소들이 작동되어야 하는지를 알아본다. 그리고 대그룹과 소그룹이 어떻게 연관되어 작동되어야 재생산이 일어나는지를 살펴본다.

제3강 실행 1 : 기도하기/관계세우기

전도는 모르는 사람에게 단번에 복음 전하여 영접하게 한다는 기존 관념을 주변의 아는 사람들에게 여러번 사랑을 통하여 여러 차례 전하는 것이라는 패러다임을 제시한다.

전도 소그룹의 첫 단계는 기도하기인데 우리 주변의 불신자를 찾아보고 그들을 나의 VIP로 정하며 그들을 위해 기도하기의 구체적인 방법과 과정을 배운다.

실행 두 번째 단계인 관계세우기는 성령님과 팀 사역하기, 셀 원들과 팀 사역하기를 통해 불신자들과 관계 맺기를 배운다.

제4강 실행 2 : 초대하기/추수하기

복음을 전하는 가장 강력한 방법 중 하나는 간증하기 인데 이 간증하는 법을 배우고 셀로 초대하기의 과정과 노하우를 나눈다.

초대하고 나면 온전히 정착하기 위해 후속조치가 필요한데 알곡을 추수하여 곳간에 들이는 것에 비유한 것이다.

5. 플레이스(PLACE) 세미나

플레이스는 각양의 은사뿐 만이 아니라 성격유형, 은사, 능력, 열정, 경험까지 5가지를 발견하여 하나님이 나를 어떻게 만드셨는지를 발견하고 사명을 찾아주고 강점으로 사역하게 하는 놀라운 도구입니다.

5시간 보통코스, 3시간 간략형 등 원하시는 대로 하실 수 있습니다.

▶ 내용

제1강 성격유형(DISC) 발견

사람의 성격유형을 주도형 감화형 안정형 신중형으로 분류하여 셀리더의 복합적인 성격유형을 발견하고 그 유형별 강점과 약점 상호간의 건강한 관계세우기를 만들어 나간다.

제2강 은사발견

사역과 직접적인 연관성이 있는 16가지 은사를 발견하고 은사를 활용하는 것을 배우며 성격유형과 은사를 연결하여 다양한 은사와 성격유형이 어떻게 작동하는가를 알게 하고 이에 따른 전도, 상담, 행정등을 알게 한다.

제3강 능력발견

존 홀랜드의 6가지 환경에 따른 능력이론에 근거하여 현실형 연구형 예술형 사교형 기업형 전통형으로 분류하여 자신의 능력을 발견하고 사역에 적용하도록 한다.

제4강 열정발견

열정은 어떤 일을 특별히 하고 싶다는 감정을 불러 일으키는 강렬한 소망이다. 이것을 열정의 영역14가지 분야를 발견하게 하고 열정의 대상을 아울러 발견하여 자신의 열정을 더욱 선명하게 분별하게 한다.

제5강 경험 발견

"하나님을 사랑하는 자 곧 그 뜻대로 부르심을 입은 자들에게는 모든 것이 합력하여 선을 이루느니라"(롬8:28) 말씀에서 '모든 것'은 우리가 이제까지 한 모든 경험이다. 이 경험은 소중한 자산으로 현재와 미래의 나를 형성하는 주요한 원동력이다.

이 경험은 영적 경험, 교육경험, 고난경험, 실패경험, 승리경험으로 분류되는데 이를 발견하고 적용한다. 이어서 종합적으로 하나님이 만드신 나의 5가지 모습 즉 성격유형, 은사, 능력, 열정, 경험을 종합하여 나의 나된 모습을 발견하고 사역에 적용한다.

▶ 교재

Finding Your PLACE In Ministry(도서출판:NCD) 권당 4,000원

간략형인 경우 [은사발견 워크북(교회코칭센터)] 권당 1,000원

B. 대그룹 사역코디네이터 과정

대그룹 날개를 건강하게 하는 확실한 대안!

대그룹사역 코디네이터 과정이 6기가 수료하였습니다.

대그룹 사역은 예배, 선교(전도), 공동체, 양육, 행정관리를 포함하는 포괄적 사역으로 교회의 큰 날개 입니다.

이 대그룹 사역을 '은사중심사역'과 '기능적 조직' 시스템으로 건강하게 세우는 탁월한 도구와 실행의 과정 노하우를 10년간의 임상 결과를 통해 검증된 것만 전달, 코칭하여 각 교회에서 사역 코디네이터로 사역하실 수 있도록 훈련합니다.

6주만 투자하시면 목회가 쉬워집니다.

실행을 담당할 부교역자나 평신도지도자와 함께 오십시오.

▶ 교회가 얻는 유익

- 각 교회의 NCD 은사중심사역/기능적 조직 설문 점수 최소 70점 이상으로 올려 교회를 건강하게 합니다.
- 교회 평신도 사역자를 2년 내에 2배 이상 증가시킵니다.
- 평신도가 사역자가 되어 적극성을 띠고 교회와 사역을 하게 돕습니다.
- 성도들의 성격유형, 은사, 능력, 열정, 경험을 발견하게 하여 교회사역현장 적재적소에 배치하게 됩니다.
- 교회 사역이 전문화, 체계화됩니다.
- 교회 조직을 기능적인 조직으로 변화시킵니다.
- 교회의 은사적 약점과 강점이 발견되고 강점은 살리고 약점은 보완되어 건강한 교회로 만듭니다.

▶ 수료자 소감

대그룹을 시스템화 하고 유지, 발전 시킬수 있는 노하우와 기술을 배우게 되었고 다른 교회와 목회자를 도울 수 있는 코치가 되었음을 감사한다.

– 한사랑 교회 이택규 목사

기능적으로 조직을 재 배치함으로써 팀과 팀원들의 잠재력을 최대화하는 탁월한 리더십에 대한 코치 훈련 과정이다.누구나 배울 수 있고 또한 조직을 살리고 활성화할 수 있는 탁월한 리더가 될 수 있다. – 사상교회 하원식 목사

▶ 훈련기간 : 시작일부터 지정요일 6주간 오후1시-6시 매주 5시간 (월요일 제외)
▶ 장소 : 지정된 교회 (연락전화 : 교회코칭센터 031-427-7729 / 김영평목사 010-6438-1355)
▶ 정원 : 20명
▶ 등록금 : 55만원 (한 교회 3명 이상 등록시 1인 무료)
▶ 특전 : 모든 자료(PPT등 각종파일, CD, 책, 교재 제공)
최근 발간된 [대그룹 사역 지침서]의 모든 내용과 각 교회 사역가이드, 800페이지
분량의 사역기술서 전체, 9단계 과정 전체 5기가에 달하는 파일 정보 제공
필수도서(건강한 관계세우기 지도자용, 학생용, 플레이스, 사역의 세가지 색깔, 셀리더 코칭을 디자인 하라, 대그룹사역지침서, GBM, 구역장 수련회 교재등 8권 제공)
교회코칭센터에서 주관하는 모든 세미나 20% 할인회원권

▶ 훈련내용
- 은사중심사역/기능적 조직 컨설팅 사역 개관
- 토양작업/조직갱신과 사역팀 구성
- 사역기술서 제작
- 플레이스/GBM 자기발견 세미나 강사훈련
- 은사배치상담훈련

- 디스크(건강한 관계세우기), 사역의 세가지 색깔 사용법
- 사역가이드 제작 훈련
- 팀 리더 세미나/비전 컨퍼런스 만들기

▶ 전문 트레이너

김영평 목사 : 한국 NCD 마스터 코치 겸
　　　　　　　　은사중심사역/기능적 조직 컨설턴트
　　　　　　　　교회코칭센터 대표
　　　　　　　　미국 리젠트 대학교 코칭학 박사
　　　　　　　　〈저서〉 셀리더 코칭을 디자인 하라, 대그룹 사역지침서
권인화 목사 : 전문 코치